過你兩棟

黎棟國———著

太平書局　商務印書館

宣誓就任第七屆立法會議員

2022 年 1 月 3 日

以文字記下我的所見所思，道出我的分析建議，每章每節，都是香港印記。

簡慧敏

香港特別行政區第七屆立法會議員
中國銀行（香港）總法律顧問

雨後曉色正熹微

翻開本書的初稿，一段段記憶不斷襲來，在黎 Sir 簡樸的鉛字中盡見其愛國情懷與服務香港和祖國的心志與篤行。

如果說《過你一棟》是黯夜寒風中的星光，衝破層層雲翳，照亮前行的路向；那麼《過你兩棟》就是風雨初霽後的微曦，驅散重重迷霧，喚醒悵惘的靈魂和沉寂的心田。

回歸，不僅僅是主權的回歸，更是人心的回歸。黎 Sir 用一本書的時間，向我們展現了寬廣的思路，闡明了發展的四大路徑：重視科教興國，透析「一國兩制」的奧義；提升治理水平，解決民生的急難愁盼；走出疫情陰霾，迎向有序的復常之路；強化議會職能，助推政府的施政成效。

四大路徑看似獨立成篇，實則彼此相繫。積極貫徹習主席「七一」重要講話的精神，國家的主權安全和發展利益得到維護，香港自然可繼續保持高度自治、凝聚民心；民心所向，施政獲得支持，民眾生活當然得到保障；保障了民生所需，復常也就如期而至，推動經濟高質量發展；發展的有效踐行，當中離不開行政和立法機關的相互配合和制衡；相互配合和制衡的角色不斷深化，便愈發彰顯「一國兩制」的制度優勢；優勢的進一步擴大和拓展，形成了大灣區的協同發展新模式，那就是水到渠成的事了。

　　然而，只有心在一起，才能共情；只有情在一起，才能共鳴。要促進四大路徑的行穩致遠，我們需要建立有效管治、文化認同和民心相牽！

　　同理可得，立法會的工作亦應如是。

　　〈宣誓就職〉一文，明晰了議會的定位。立法機關應遵循《「一國兩制」下香港民主發展》白皮書的指導原則，確立「良性民主平台」的定位，建構行政立法的積極良好關係，如文中所言「以豐富民主形式及提升民主質量為己任，持續探索適合香港自身情況的民主發展道路，向世界展示『一國兩制』的優勢及活力，為中華民族偉大復興及國家統一作出貢獻」。

　　〈立法會議員的傳承責任〉一文中的所思所想，更是傳承了「一國兩制」的初心、道盡了民心的牽繫。黎 Sir 與同

學們在立法會導賞團中的良性互動，讓我深受感動，希望這顆「服務香港的種子」，根植在同學們的心靈深處，等待花開的那天，成為香港「由亂到治」走向「由治及興」的新力量。

自參與立法會工作後，不知不覺中，我和黎 Sir 已相識超過一年。時間不長，但彼此之間的志同道合、一見如故，卻讓我欣喜不已。回顧過往，我常常感激自己當初只問初心、無問西東的勇毅和堅持自我、不問回報的決然，堅定愛國的情懷和為民服務的信念，跳出舒適圈去挑戰全新的領域。正因為新選舉制度，才會讓我投身議會並認識黎 Sir 這樣一位睿智、謙和、敬業的政壇前輩；正因為議會工作，才使我能與黎 Sir 共同約見官員、鑽研法案和探討法律意見；也因為黎 Sir 邀請為本書撰序，才讓我有幸先睹精彩紛呈的大作，在文字的天空盡情翱翔。

在本書中，黎 Sir 用洗鍊的文字寫下河漢江淮的志氣，用真摯的情感記下一方一城的悲喜，用細膩的筆調譜下東方之珠的光華，也用深刻的思想印下文以載道的責任。端的是悠悠愛國情，莘莘赤子心！

去年，《過你一棟》帶着思想的高度，在生活的湖泊裏盪漾出漣漪，喚起讀者尋求真相的勇氣；

今年，期待《過你兩棟》攜着精神的昇華，在生命的海洋中掀起巨浪，激起新一代讀者奮勇向上的動力；

未來，祈盼黎 Sir 筆耕不輟，文脈賡續，以「三棟」、「四棟」鐫刻文化的意涵，銘記時代的記憶，傳揚「一國兩制」的厚蘊。

黎棟國議員與簡慧敏議員合影

黎廷瑤

資深傳媒人
《巴士的報》副社長

快、狠、準、實

我做傳媒多年，認識的政圈朋友，無一百都有幾十，可簡單分為兩類，一是「空心」，另一是「實心」。前者虛有其表，誇誇其談，知少少扮代表；後者胸有實料，經多年硬仗練出真功夫，洞透力強。新民黨常務副主席、立法會議員黎棟國，就屬於「實心」一類。

自黎 Sir 年前換了跑道，由做官轉為政黨領導，並加入立法會成了代議士，我一直留意他在議事堂如何質詢官員、針砭時政，也有閱讀他的專欄文章，發覺他一個特質，可用兩個字概括，就是「實」和「細」。

他每次議政，都實實在在掌握不同政策問題的「要害」，聚焦於關鍵位，猶如上擂台打 MMA，一下擊中弱處，如果對手準備不足，便沒法招架；他也憑藉經驗累積的洞悉力，

對每項政策都看得仔細，內裏隱藏的缺失和官員的「狡辯」，都逃不過他的法眼。

這些功力，來自多年實戰的歷練。他是入境事務處科班出身，一步步升到頂峯出任處長，退休後加入問責團隊做保安局副局長，2012 年坐正，擔起維護香港安全的重任。在漫長公職生涯中，他打過無數硬仗，這強化了他「快、狠、準、實」克服難題的能力與作風，而這套硬功夫如今使用於議政，令官員們難免有點「震震吔」的感覺。

他發表的文章，同樣展現了他「實」和「細」的風格，每篇都有紮實的見地和分析，卻又不乏「火氣」，與一些賣弄文字、水分多多的泛論相比，明顯勝了幾籌。

黎 Sir 是我的知交、校友（瑪利諾神父教會學校舊生），在公共政策方面，也是我的老師，每次細味他的發言和文章，都「有嘢落袋」，得到極多啟發。

他把論述輯錄成書《過你兩棟》，涉及多個政治和政府施政問題，很值得那些一直思考港情、關心政事的朋友細讀，也是年輕從政者應看的有用參考書。

黎棟國

2023 年 6 月 1 日
書於香江

一年期限定的時光快車

過去一年，對香港或對我個人而言，都是別具意義、不平凡的一年。

2022 年 1 月 3 日，我宣誓成為第七屆立法會議員，換跑道服務香港。

2022 年 7 月 1 日，香港回歸祖國 25 週年，國家主席習近平親臨香港主禮「七一」慶典並發表重要講話；新一任行政長官李家超帶領新一屆特區政府登場。

2022 年 7 月 20 日，我在香港書展出版了首本個人著作《過你一棟》。

2022 年 10 月 16 日，總書記習近平發表「二十大」報告，對國家及香港的發展影响深遠。

2023 年 1 月 8 日，香港恢復與內地免檢疫通關，象徵香港在長達三年的新冠疫情後，全面復常。

2023 年 3 月 8 日，我和太太終於再度起飛，去泰國布吉旅行。

2023 年 5 月 2 日，特區政府公布「完善地區治理建議方案」，重塑區議會。

隨便數數手指，也數出一堆日子來。記得我在去年出版的《過你一棟》的序言中說過，整理書稿時彷彿上了香港歷史速讀課，其實今年整理《過你兩棟》書稿時的感覺也一樣，好像坐上了一年期限定的時光快車，讓香港和我緊密交織在一起。

我想起我是在立法會換屆選舉的報名期最後一天報名參選。和新民黨另外兩位選委界候選人容海恩及陳家珮、地區直選三位候選人葉劉淑儀、李梓敬和廖添誠，及新民黨幕後競選團隊，並肩作戰，在非常緊逼的選舉期裏，傾盡洪荒之力爭取選票。我和葉太、容海恩、陳家珮及李梓敬成功當選，廖添誠雖敗猶榮，後來當上了創科局政助。

我想起自己如何熱愛工作。當上立法會議員是新的開始，讓我運用過去數十年的政府經驗、法律知識，徹實履職，加入多個委員會，仔細地審議法例、檢視政府開支，理性地指出官員缺失，積極地監察特區政府施政。例如在第五

波疫情期間，特區政府企圖避過立法會「先訂立、後審議」的有效做法，讓食衛局局長可自行決定「限聚令」人數，我和簡慧敏議員指出特區政府做法不正，保住立法會審議附屬法例的憲制權力。

我想起新民黨上下一心，在黨主席葉劉淑儀帶領下，精於政策研究，強於提出倡議。過去一年，我們向特區政府提出了很多建議，包括如何搶人才、怎樣鼓勵生育、上調足球博彩稅、推動遙距醫療、關注安老院舍服務、嚴懲失德教師、改善樹木管理等等。

我想起第五波疫情讓上屆政府陷入某種程度的困境，很多長者離開了我們，醫療體系超出負荷，幾近崩潰。直至新一屆政府上任，抗疫工作易帥，「安心出行」、「疫苗通行證」、「隔離」、「檢疫」、「竹篙灣」、「3＋4」漸漸離我們而去。到今年年初和內地通關，社會復常，三年艱難抗疫路。今日回想，恍如隔世。

我想起國家主席習近平在去年「七一」、「二十大」及兩會的重要講話中，多次強調「一國兩制」沒有任何理由改變，「一國」原則愈堅固，「兩制」優勢愈彰顯。香港必須企穩自身定位，牢牢抓住融入國家發展大局的機遇，便能深入發揮「背靠祖國，聯通世界」的獨特優勢。

我想起自己每週提筆寫下兩篇專欄文章，交予《am730》及《悅傳媒》刊登；我想起每周在立法會會議上就着不同議案議題發言；想着想着，這年的文章自動歸類為〈一國原則愈堅固，兩制優勢愈彰顯〉、〈宣誓，成為立法會議員〉、〈提高治理水平，排解民生憂難〉及〈抗疫復常，恍如隔世〉四大章節，成就了今年的著作《過你兩棟》。

目錄

過你兩棟

第一章
一國原則愈堅固，兩制優勢愈彰顯

第 二 章
宣誓，成為立法會議員

第 三 章
提高治理水平，排解民生憂難

第四章
抗疫復常，恍如隔世

夢回《過你一棟》

楔子

　　2022 年 7 月中旬，我拍攝了人生中第一條「開箱片」，還上載至「面書」（https://fb.watch/enM0xaeJiJ/）和大家分享。開甚麼箱？那就是我人生中第一本出版的著作──《過你一棟》！

　　話說商務印書館果然有心有力，記得我們在 7 月初才全書定稿付印，想不到個多星期後新書便印起了，而且立即送到我的辦公室了。心急人我靈機一動，便和拍攝團隊拍攝「開箱片」。不得不說，拆包拿出第一本書，摸到它的質感、看到封面上自己的「玉照」（絕非直男自拍照）的時候，心裏還真有點激動！

　　《過你一棟》的製作非常認真，設計師設計了三、四個封面給我選擇。大家無緣看到，落選的封面是以香港的立體

地圖為概念，突出書中內容都是圍繞香港人、香港事。不過，編輯團隊認為這畢竟是我第一次出書，還是用大頭照封面較搶眼易認，於是選用了現在這款封面設計，希望各位讀者也喜歡。

　　用於封面的這輯相片的拍攝過程亦十分過癮。首先感謝商務印書館邀得著名資深攝影師鍾燦光先生師徒聯手操刀，他倆非常有默契，而且擅於讓拍攝對象處於放鬆自然的狀態。還記得拍照當天，他們二人都拿着相機圍着我轉轉轉，從不同的角度拍拍拍，我都來不及弄清誰是主誰是輔，他們已經大功告成！真是爽！爽！爽！

　　我摘錄了《過你一棟》書中內文這句話——「在政局紛擾，有圖沒真相的時代，我們必須睜大眼看清楚，明辨是非，才有望找到真相」——放在《過你一棟》封面上，以期畫龍點睛。事實上，香港在過去這幾年，歷盡抗爭、黑暴、疫情的折磨，而隨着社交平台的發達，海量短片、相片、消息以驚人的速度散佈，不單真假難辨，彷彿愈荒誕的消息愈多人相信，反而真相莫名，叫人唏噓。

　　那時候，我加入了新民黨，出任常務副主席，也在幾份報章開闢了專欄，於是決心以文字記下我的所見所思，道出我的分析建議，希望為當時紛亂的社會，分辨是非，說明道理。之後我決定把這些文章輯錄成書，回首整理文稿時發現，原來這些文章已經自動排了順序，由特區政府提出修訂《逃犯條例》開始，和平示威發展成黑暴，到訂立《香港國安法》，完善選舉制度，實行「愛國者治港」；疫情爆發，幾波起落，特區政府如何進退失據，到中央政府怎樣無條件支援香港抗疫；還有部分港人拿着 BNO 離開這個家；每章每節，都是香港印記。

　　輯於《過你一棟》中而最早面世的文章〈為特區護照奔走的日子〉，刊於 2018 年 12 月 24 日的《明報》〈三言堂〉欄目，謹此紀念。

2022 年 7 月 20 日　　《悅傳媒》〈棟悉港情〉

第 一 章

一國原則愈堅固，
兩制優勢愈彰顯

15 條選擇題
了解《基本法》?

2022 年是特別的一年,因為香港回歸祖國 25 年了,香港是怎樣走過這四分之一個世紀的,相信每一個香港人心中都有自己的演繹。不過,不論你承認與否,2014 年的違法佔中、2019 年因反對修訂《逃犯條例》而觸發的黑暴,都佔據了重要的篇幅,幾乎把香港推向不可逆轉之地,同時亦暴露了香港教育累積多年的問題,包括欠缺國情教育、欠缺《基本法》教育,還有在課堂內外傳遞反中亂港訊息的教師。這些問題浮面,讓我們意識到,要讓「一國兩制」走下去,我們要認真地從教育入手,讓下一代了解中國歷史、了解國家和香港的關係,了解「一國兩制」,了解《基本法》。

所謂 train the trainer,要達到上述的目標,教師的責任就特別重大。即是說,首先要教育教師,讓他們讀懂《基本法》。教育局後知後覺,終於在本學年新增規定,2022–2023 學年起,常額教師在入職或轉職前,必須參加《基本法》測試(下稱《測試》)及取得及格。報導指本年初舉行的首場《測試》,有 4200 人參加,逾七成人及格。單看這簡單數據,《測試》的成績好像很好,即我們的教師都很理解《基本法》了,大家可以放心了。

真的是這樣嗎？那就要像剖析 DSE 考卷那樣，剖析一下《基本法》測試的題型及評分標準。根據教育局的網站，參加《測試》的考生「須於 20 分鐘內完成共 15 條多項選擇題。有關人士如在 15 題中答對八題或以上（即在滿分 100 分中取得 53 分或以上），會被視為及格」。而《測試》的選擇題是類似這樣的：

　　問：根據《中華人民共和國香港特別行政區基本法》第 63 條，主管刑事檢察工作的是 ＿＿＿＿＿＿ 。
　　A. 警務處
　　B. 廉政公署
　　C. 律政司
　　D. 以上皆是

答案：C

　　大家讀着這題目有甚麼感覺？我則覺得小六常識科教科書〈《基本法》與我〉的課文及考題更深一些，因為小學測考除了選擇題，還會有不供詞填充、配對、腦圖、情境題、長短問答題等等，若同學沒有認真熟讀，難以取得高分。小六常識科都「咁深」，反而教師答對八題這樣的選擇題便等於了解《基本法》，是教育局認為《基本法》「很淺」、「很易讀」？抑或認為教師水平連小六同學都不如？

　　時任教育局局長楊潤雄在 2022 年 6 月 1 日的立法會大會上，列舉出各種各樣的教師培訓活動，包括 18 場「教師

專業身份」工作坊、八場「專業操守、價值觀」工作坊、32場《憲法》、《基本法》和《香港國安法》相關培訓等等。這些當然要做，而且要做得更多更頻密，但更重要是由大學課程入手，例如在課程加入《基本法》必修科，讓所有潛在教師在大學階段打好《基本法》根基，同時改革教師《基本法》測試的題型及深淺程度，務求每位教師都對《基本法》有正確而深入的認識，從而正確教育我們的下一代。

2022 年 6 月 2 日　《悅傳媒》〈棟悉港情〉

中式步操
體現對國家的忠誠

　　香港警察宣布將於 2022 年 7 月 1 日起，即香港回歸 25 週年的大日子，全面轉用中式步操。有傳媒朋友問我有甚麼看法，我說當然應該轉，而且應該在更早的時候轉。

　　說到步操這話題，讓我回想起七十年代，我初出茅廬加入人民入境事務處時，當然也有練習過步操。那時候的步操是英式的，練習步操對專注力及體力的要求很高，而且要做到手齊腳齊有一定難度。我記得聽着帶領步操的同事嗌「left、left、left right left」，但很多時我們仍然是「右手左腳」、「左手右腳」，並不協調，回想起那個畫面也覺得好笑。當時的步操隊伍是三人一排，大家的步伐要一致，起腳、落腳、起手、落手的時間都要整齊，我們花了很長時間練習。幸好那年代的步操要求相對簡單，隊伍只是打直走一條直線、敬個禮就完成，與今日複雜多變的步法、隊形相比，簡直不可同日而語。

　　以前紀律部隊會採用英式步操，當然是歷史背景使然，而在回歸後我擔任入境事務處助理處長期間，入境處便在六支紀律部隊中，率先引入中式步操。首先在檢閱步操的護旗

小隊引入部分中式步操（正步），由解放軍教官教導步法，用普通話口令，至今已超過 20 年。2021 年底的入境處 60 週年暨學員結業大會操，便全面以中式步操作表演，效果具氣勢又賞心悅目。

　　就我個人觀察，中式步操比西式步操的要求更加嚴格，隊員也要花更多時間練習，不過這絕對是值得的，因為我們要看清步操的本質，及期望透過步操達致甚麼成果。

　　步操就是訓練隊員的整體性、合作性、服從性，隊員要跟隨帶隊教官的口令做出不同的動作，而且要同一時間做，這是服從、合羣、發揮團體力量的訓練，與紀律部隊的要求是一致的。紀律部隊執行任務時，就是要講求整體性、合作性、團隊性、服從性，才能成功完成任務。因此，紀律部隊透過步操訓練來加強紀律，實在最適合不過。

　　最後就是歸屬感及忠誠度，其實繼入境事務處後，近年其他紀律部隊已陸續轉用中式步操，這是對國家忠誠的正確體現。

2022 年 6 月 6 日《am730》〈黎 SIR 事務處〉

慶典辦
「一炮而紅」！

2022 年的「七一」，即是香港特別行政區回歸祖國 25週年及第六屆特區政府就職的大日子，有關慶典、嚴密保安的新聞鋪天蓋地，不過，世事並不完美，百密總有一疏，平日名不見經傳的民政事務局慶典統籌辦公室（慶典辦），終於在這慶典本命年，以另類之姿，搶盡眼球，「一炮而紅」──因為慶典辦接連犯下各種低級錯誤！

首先，我們立法會議員（及其他嘉賓）收到慶典辦發出的電郵邀請函，邀請我們參加特區成立 25 週年及第六屆特區政府主要官員宣誓就職典禮，本來是令人高興的事情，但打開電郵一看卻如墮雲霧，皆因電郵的中文內容要求我們 6月 24 日開始「點對點」閉環管理，但是英文版說 6 月 23 日開始。那究竟即是怎樣？我們要靠自己各方打探、互傳消息，弄清真偽。

電郵指示我們每天要去指定地點進行核酸檢測，我們亦可自行去全港各大核酸檢測中心做檢測。但是，當有議員去到個別核酸檢測中心時，工作人員要求議員出示這封邀請函，但是指邀請函上沒有顯示議員的名字，因此不能證明議

員是獲邀人士，於是不能做免費核酸檢測。幾經擾攘，反覆求證，議員才終於得以完成一次核酸檢測，真是莫名其妙。

電郵又要求我們每天填寫「每天健康申報表」，填妥後需經電郵繳交，但電郵同時又說「為方便各位提交『每天健康申報表』，稍後會有工作人員以 WhatsApp 聯絡你」。其實填寫健康申報表已算是抗疫日常，有議員反映，慶典辦就不能以方便快捷簡單易用的電子表格代替電郵遞交嗎？

終於，慶典辦從善如流，下一封電郵真的有電子表格（其實只是 google form）的超連結，不過卻連帶把所有人都嚇了一跳，因為有一大堆數百個電郵地址在「副本」欄（CC）顯示了出來！難道慶典辦不知道或不懂得怎樣運用「密件副本」欄（BCC）？一個電郵曝露了數百位嘉賓的名單及電郵資料，也曝露了慶典辦人員的疏忽、不小心。即使慶典辦隨即又發電郵來道歉，又要向私隱專員公署備案，但是過錯已造成，責任誰負？

弄出了這麼個大笑話，大家以為慶典辦之後一定會加倍小心，不再出錯？你還真錯了，所謂錯開有條路，慶典辦繼續錯出天際——之後我們收到有關入住閉環酒店的通知，有議員收到中英不對照版，中文說「酒店名稱：香港萬麗海景酒店」，英文版則是「Name of Hotel: Hong Kong Grand Hyatt Hotel」！議員拿着這雙語雙酒店通知書，應該向左走還是向右走？雖然這兩間酒店就在毗鄰，但是它倆實實在在

是兩間不同的酒店啊！結果，議員又要主動查證、小心核實，才能確保自己不會住錯酒店閉錯環。

未完未完，執筆之時（6月29日上午），聞說竟仍有一些嘉賓尚未收到入住閉環酒店的通知，又有新聞了！

一次慶典，一個慶典辦，可以打響出錯連環炮，是前線人員欠經驗？工作量太大？疏忽鬆懈？抑或管理層欠監督？慶典辦是不是要自我檢討一下？所謂見微知著，慶典辦接連出現這些低級錯誤，看來新一屆特區政府在提升前線公務員的工作質素上還要痛下苦功才可。

2022 年 6 月 30 日　《悦傳媒》〈棟悉港情〉

「一國兩制」
沒有任何理由改變

　　「七一」颱風壓境，無阻國家主席習近平對香港的關愛，親臨香港的決心。習主席連續兩天來港，在慶祝香港特別行政區回歸 25 週年大會上，發表了重要講話。習主席的講話內容，字字珠璣，句句獨到，含蘊豐富，對香港的過去與現況有深刻了解，而且指明「一國兩制」在未來沒有任何理由改變，這是對香港投下了定海神針，令人振奮，值得大家細酌。

　　「溫故知新，鑒往知來」，習主席於講辭開首便肯定了香港過去對國家的貢獻，他說「香港在國家改革開放的壯闊洪流中，敢為天下先，敢做弄潮兒，發揮連接祖國內地同世界各地的重要橋樑和窗口作用，為祖國創造經濟長期平穩快速發展的奇蹟作出了不可替代的貢獻」。

　　此外，習主席亦明確點出了香港具有的獨特優勢，就是「高度自由開放，同國際規則順暢銜接的優勢」、「自由開放雄冠全球，營商環境世界一流」、「國際金融、航運、貿易中心地位穩固」等等，反映習主席及中央政府非常了解香港是如何走過來的，香港的發展一直是建基在這些牢固的基礎

上，對國家的發展而言香港有其不可替代性。

來到今天，習主席再次強調「背靠祖國，聯通世界，這是香港得天獨厚的顯著優勢」，中央政府將繼續支持香港珍惜、擁有、發揮這些優勢，而在國際政局日益複雜嚴峻的今天，香港必須「在更深層次對外開放新格局中發揮着重要功能」。

近年，部分港人對於「一國兩制」50年不變有疑惑甚至憂慮，對「2047」這個年份分外敏感，擔憂再過25年後香港會有不可測的未來。習主席則一錘定音，釋除疑慮。他在抵港那天（6月30日）已率先說了，「『一國兩制』是個好制度，具有強大的生命力，能確保香港長期穩定。」其後再在回歸25週年大會上強調，「『一國兩制』是前無古人的偉大創舉」、「是經過實踐反覆檢驗了的，符合國家、民族根本利益，符合香港、澳門根本利益」、「這樣的好制度，沒有任何理由改變，必須長期堅持！」我認為這是對全香港七百多萬人的佳音，從今日起，港人不必再有憂慮，相對地，我們既然有國家作為最堅實的後盾，便應由個人開始，做好本分，好好發揮，一同開創香港的未來。

「一國兩制」有活力、有生命力，我們必須把握其制度優勢，繼續發展。習主席已給了我們定心丸——「一國原則愈堅固，兩制優勢愈彰顯」，「一國兩制」之下，「社會大局總體穩定」，「香港、澳門保持原有的資本主義制度長期不

變，享有高度自治權」，「特別行政區堅持實行行政主導體制，行政、立法、司法機關依照《基本法》和相關法律履行職責，行政機關和立法機關既互相制衡又互相配合，司法機關依法獨立行使審判權」。

習主席這樣說，是有根有據的。事實上，香港在完善了選舉制度下，設立了資格審查委員會，並且已順利進行了選舉委員會、立法會及行政長官選舉這三場重要選舉，首要確保能進入特區治理體系的，都是愛國者，確保了政治安全及行政主導。新一屆立法會已履職半年，90 位立法會議員盡忠職守，審議法例，最近在「檢疫令是否等同病假」、「限聚令改人數是否附屬法例」等議題上，行政立法機關正正體現了互相制衡、互相配合，與習主席所說不謀而合。

總結而言，香港正朝着正確的方向發展，邁向由治及興的新階段。習主席今次的訪港及講話，對港人來說別具意義。也正如習主席說過的「上下同欲者勝」，只要我們和中央政府同心，堅定不移地準確落實「一國兩制」，「2047」便成偽議題，港人將享有更美好的未來。

2022 年 7 月 4 日《am730》〈黎 SIR 事務處〉

國慶點滴

　　「十一」國慶，舉國同歡，香港同賀。2022 年 10 月 1 日星期六早上，小弟有幸獲邀，出席大清早在灣仔金紫荊廣場舉行的升旗儀式，以及參加其後在會展舉辦的國慶酒會，感受香港回歸 25 年的愛國情懷，點滴體會，容我在這裏分享。首先得感謝天公造美，特別是國慶前夕，即 9 月 30 日星期五仍然橫風橫雨，天文台罕有地兩度發出黃色暴雨警告，弄得大家忐忑不安，對翌日早上的升旗禮憂心戚戚。幸而到星期六早上，仰望長空，天朗氣清，不單陸上的升旗儀式莊嚴完成，在空中的飛行服務隊直升機，在海上的滅火輪、水警輪均順利完成任務，海陸空連成一體，為國同慶。

　　這年的升旗禮是第二年表演中式步操，國慶採用國家的步操方式，自是理所當然。看着護旗方隊及儀仗隊整齊劃一又有氣勢地步操進場，瞬間讓我回想起以往在人民入境事務處練習步操的日子，那時候我初出茅廬，稱得上手腳不協調，需要花很長時間練習步操，才練到整隊隊伍的步伐、動作整齊一致。回歸後，在我擔任入境事務處助理處長期間，入境處率先引入中式步操，轉眼間已逾 20 年。如今香港以中式步操體現對國家的忠誠，誠是美事。

此外，雖然今年的升旗儀式不設公眾席，但是我們可以看到遠處的天橋上有很多市民擠着圍觀，而在莊嚴的儀式下，天橋上秩序井然，也沒有近年喧嘩、抗議甚至衝突場面，我相信這是社會以及國家所樂見的。

除了中式步操讓我印象深刻，整個國慶活動在抗疫方面的謹慎安排，同樣值得一讚。例如酒會的入場證同附國慶主題的紅色 KN95 口罩，我當然沒忘記戴上；防疫關係酒會以四人一枱，每位嘉賓的座位上都有一個十分精美的紅色賀國慶禮盒，禮盒內是獨立包裝的餅食。今年的酒會雖不設祝酒環節，但我相信在行政長官李家超懇切的致辭下，台上台下的嘉賓，內心都是酒杯斟滿的！

2022 年 10 月 3 日《am730》〈黎 SIR 事務處〉

科教興國，
聚天下英才而用之

　　2022 年 10 月，國家及香港都特別忙碌，而且忙得特別有歷史意義，先有中國共產黨第二十次全國代表大會（「二十大」）在星期日（16 日）開幕，總書記習近平在會上發表了報告；後有特區行政長官李家超公布上任後首份《施政報告》（19 日）。前者展現雄才偉略，既總結中國共產黨如何領導國家打贏自「十八大」以來的十年攻堅戰，國家發展成就讓世界無法忽視；同時前瞻未來，帶領國家大膽變革，奮進新征程。後者和總書記的報告一脈相承，鋪陳佈局，讓香港從黑暴、疫情中重新起步，為香港描畫願景，讓港人看到未來。

　　國家正處於世界百年未有之大變局，國際形勢嚴峻複雜，西方社會翻着「中國威脅論」這張牌，處處圍堵，招招打壓，國家不單要堅忍克制，抗衡西方力量，還得自立自強，和 14 億人民攜手共築中國夢。報告當中，總書記習近平提出「實施科教興國戰略，強化現代化建設人才支撐」，實在高瞻遠矚，也是特區政府應瞧着走的方向。

　　報告點出，「教育、科技、人才是全面建設社會主義現

代化國家的基礎性、戰略性支撐。必須堅持科技是第一生產力、人才是第一資源、創新是第一動力。」短短一句話，觸及三大重要範疇。

　　教育方面，報告指要「堅持教育優先發展」，「辦好人民滿意的教育」，「加快建設教育強國」，同時要「促進教育公平」，呼應內地近年實施「教育雙減」等一連串教育改革。此外，總書記習近平提出要「落實立德樹人根本任務，培養德智體美勞全面發展的社會主義建設者和接班人」，這點十分重要，反映國家高度重視如何培育下一代。「立德樹人」、「德智體美勞」這些其實就是我們常常掛在嘴邊的品德及價值觀教育，可惜香港在教改下漸漸忽略了這些，國家則看透了本質，看來特區政府要深刻反省教育的真正意義和方向。

　　報告在科技創新方面的着墨更多，精準點出要「完善科技創新體系，堅持創新在我國現代化建設全局中的核心地位」，要「以國家戰略需求為導向」，「強化國家戰略科技力量」，並且要「集聚力量進行原創性引領性科技攻關，堅決打贏關鍵核心技術攻堅戰，加快實施一批具有戰略性全局性前瞻性的國家重大科技項目」，以「形成具有全球競爭力開放創新生態」，「加快建設科技強國」。這是「科教興國」的「科」所代表的核心意義，是國家能在險峻的中美科技戰中自立自強的關鍵，更是國家未來發展的重點戰略部署。而在這個骨節眼上，若香港能瞄準自己的創科優勢，便可為國家的發展貢獻更多。

「人才是第一資源」，這點我絕對同意，國家當然亦明白「人才引領驅動」的道理，因此提出要「尊重知識、尊重人才、尊重創造」，要「完善人才戰略佈局，形成人才國際競爭的比較優勢」，說到底就是要「把各方面優秀人才集聚到黨和人民事業中來」，「聚天下英才而用之」。

　　說到要聚集天下英才，無疑也是特區行政長官李家超首份《施政報告》的重點之一。喜見行政長官廣泛接納新民黨的建議，改革以往被動的輸入人才政策，成立「人才服務窗口」，主動出擊招攬海外人才，向他們提供一站式支援，並且精簡程序，讓他們加快來港，更重要是放寬他們的首次置業（印花稅）限制，以吸引他們長期留港。而除了吸納海外人才，培育及留住本地人才同樣重要，正如上文所說，特區政府要深刻反思教育的真正意義，檢視目前教育制度的缺失，重塑價值觀教育，並且要針對香港未來的產業結構，加強職業專才教育。

2022 年 10 月 21 日　《悅傳媒》〈棟悉港情〉

中國開放的大門
只會愈來愈大

隨着中國共產黨第二十次全國代表大會（二十大）開幕（2022 年 10 月 16 日）、閉幕（22 日），緊接就是第二十屆中央委員會第一次全體會議（一中全會）也在 23 日順利舉行，選出了新一屆中央政治局常委，習近平連任總書記。這連日來的會議象徵總書記習近平正式開展第三個任期，中國共產黨與國家的發展也正式邁向新階段。

相對於「二十大」開幕會議那天所宣讀的報告，總書記習近平在「一中全會」後會見傳媒時發表的講話，呼應「二十大」的報告而又濃縮精簡得多。由於後者面對全球傳媒，講話內容的重點之一是中國與世界的關係，反映總書記習近平有胸懷天下的器度。

總書記習近平說，「當今世界面臨前所未有的挑戰。我們歷來主張，人類的前途命運應該由世界各國人民來把握和決定。只要共行天下大道，各國就能夠和睦相處、合作共贏，攜手創造世界的美好未來。我們將同各國人民一道，弘揚和平、發展、公平、正義、民主、自由的全人類共同價值，維護世界和平、促進世界發展，持續推動構建

人類命運共同體。」

　　的確，現在全球局勢緊張，地緣政治關係嚴峻，俄烏戰爭停火無期，引致歐洲陰霾處處；英國首相卓慧思上任 45 日便下台，新首相花落誰家猶未可知，英國已有民眾示威要求重新加入歐盟；美國中期選舉在即，拜登政府樂此不疲地打中國牌，聯同盟友圍堵中國，香港挺過黑暴避免成為美國附庸，兩岸關係卻前所未有地緊張。中國要在如此紛擾的世界中保持冷靜克制，已不容易，還要抵抗西方社會的圍堵、打壓、抹黑，堅持走自己的道路，同時心懷維護世界和平、促進世界發展的願景，確實需要無比能耐。

　　總書記習近平說，「中國發展離不開世界，世界發展也需要中國」，這點再正確不過，而且並不單指經濟發展，即使在疫情下中國未與世界完全恢復往來，但是全球發展始終是國國相依，環環相扣。長遠而言，「中國開放的大門只會愈來愈大」，讓世界各國了解中國的好，而在這關鍵時刻，香港必須找到自己的定位，發揮聯通世界的優勢，為國家作出貢獻。

2022 年 10 月 24 日《am730》〈黎 SIR 事務處〉

抓穩「二十大」下的
香港新機遇

　　「二十大」意義重大，餘韻不息，社會上不同的組織團體紛紛舉辦論壇、研討會、交流會，以期深入了解「二十大」的深層意義及對香港的啟示。10 月 27 日下午，我參加了由「香江智滙」主辦的「中共二十大，香港新機遇」論壇，全國政協副主席梁振英先生、行政會議召集人葉劉淑儀女士等諸位講者發表了他們對「二十大」不同面向的解讀，精闢獨到，就讓我在這裏和大家分享。

　　首先，我同意梁振英先生所説，「香港新機遇」不單是指香港在融入國家發展大局中所獲得的機遇與發展，更是指香港在這個過程中找到甚麼報效國家的新機遇，從而好好發揮香港的優勢，優而為之，貢獻國家。

　　我認為總書記習近平的「二十大」報告呼應國家《十四五規劃綱要》對香港八大中心的定位，特別是提到「發揮香港優勢和特點，鞏固提升香港在國際金融、貿易、航運航空、創新科技、文化旅遊等領域的地位，深化香港同各國各地區更加開放、更加密切的交往合作」，這些都是香港要抓緊、更要抓穩的新機遇。例如創新科技，新一屆創新科技及工業

局在科學家孫東教授的帶領下，能否把香港的高新科技產業推展至更高階的層次，並與內地對接發展，加入國家「具有戰略性全局性前瞻性的重大科技項目」（航天載荷專家選拔是好開始），協助國家「打贏關鍵核心技術攻堅戰」、「加快建設科技強國」，便是在「科教興國」這重大戰略目標下，香港能對國家作出的貢獻。

葉太則點出「二十大」的另一重點——即使「當前，世界之變、時代之變、歷史之變正以前所未有的方式展開」，國家仍然相當重視香港，義無反顧。總書記習近平在報告中幾度提及香港，強調「堅持和完善『一國兩制』，推進祖國統一」。「二十大」閉幕大會更通過黨章修正案，明確地把「全面準確、堅定不移貫徹『一國兩制』的要求」寫入黨章，這對香港有非常重要的政治及歷史意義，代表香港特別行政區對國家具有特定的戰略地位，代表「一國兩制」將行穩致遠，代表那些操弄「2047」偽議題的人士將無以為繼。

葉太說得很對，的確，香港需要穩定，當香港的政治及社會環境都穩定下來，港人的心也安穩下來，我們才能團結一起，朝着「一國兩制」行穩致遠的目標，各施其職，勇毅前行。換句話說，「二十大」就是利好香港長遠發展的定心丸，香港必須抓穩！

中央對港政策的演變

中共中央總書記習近平在 10 月 16 日發表「二十大」報告後，社會上不同的分析及解讀均強調報告重視香港、重視「一國兩制」，我自然十分認同。那麼，究竟是有多重視？我翻查了「十八大」(2012 年) 和「十九大」(2017 年) 的報告，若連同「二十大」(2022 年) 報告一併解讀，可看出中央在這十年間對香港政策有哪些改變、深化、堅持，以及對香港的未來有何目標和期望。

先說「十八大」報告，這份報告於 2012 年由時任中共中央總書記胡錦濤發表。報告全文共 28735 字，提及香港的共有四段落，共 522 字。政治層面上，報告說「『一國兩制』實踐取得舉世公認的成功」，指出「中央政府對香港實行的各項方針政策，根本宗旨是維護國家主權、安全、發展利益」，強調「全面準確貫徹『一國兩制』、港人治港、高度自治的方針」，「必須堅持『一國兩制』原則和尊重兩制差異」。

值得留意的是，因應當時香港的社會環境，反對派漸見苗頭，報告強調和諧，說要「循序漸進推進民主、包容共濟

促進和諧」,「促進香港同胞在愛國愛港旗幟下的大團結」;並且「堅信香港同胞有智慧、有能力、有辦法把特別行政區管理好、建設好」,因此報告只提及「維護中央權力」,「落實中央全面管治權」等字眼並未出現。

之後五年,香港經歷了 79 日違法佔中(2014 年)、旺角騷亂(2016 年),本土派崛起,激進甚至港獨分子當選為立法會議員(2016 年),香港的局勢變得嚴峻。總書記習近平是在這樣的香港背景下發表「十九大」報告(2017 年)的。因此,32399 字的報告中,有關香港的內容增至六段,共 698 字,當中用字有所轉變,「全面管治權」出現兩次——「牢牢掌握憲法和《基本法》賦予的中央對香港全面管治權」、「必須把維護中央對香港特別行政區全面管治權和保障特別行政區高度自治權有機結合起來」——反映中央意識到過去的對港政策太過寬鬆,今後會牢牢抓緊。

至於有關「一國兩制」的描述,則由「十八大」報告的「全面準確貫徹『一國兩制』」,加強至「堅持『一國兩制』」、「確保『一國兩制』方針不會變、不動搖,確保『一國兩制』實踐不變形、不走樣」,解釋了「『一國兩制』是解決歷史遺留的香港問題的最佳方案,也是香港回歸後保持長期繁榮穩定的最佳制度」,態度堅定,我認為這是回應西方社會經常指「一國兩制」已死的指控。

另外,報告亦回應激進及港獨分子的奪權圖謀,點出要

「堅持愛國者為主體的港人治港，發展壯大愛國愛港力量」，點出香港要「履行維護國家主權、安全、發展利益的憲制責任」。

來到「二十大」報告，香港挺過了黑暴，局勢又已全然不同。「二十大」報告比過往的報告詳細，共有 32589 字，香港內容增至七段共 819 字，反映香港特別行政區在國家大局中佔據特定的戰略地位。其中最值得留意的，是報告毫不忌諱地論及香港的制度缺失──「香港落實『一國兩制』的體制機制不健全；國家安全受到嚴峻挑戰」，能承認缺失，從而糾正，這是為甚麼香港政局能由亂及治、由治及興。因此，報告總結了幾項重要舉措，包括制訂實施《香港國安法》、完善選舉制度、落實「愛國者治港」、落實中央全面管治權等等。

比起「十九大」報告指「『一國兩制』是解決歷史遺留的香港問題的最佳方案」，「二十大」報告更進一步，直指「『一國兩制』是中國特色社會主義的偉大創舉，是香港回歸後保持長期繁榮穩定的最佳制度安排，必須長期堅持」。好一句「長期堅持」，配合「二十大」閉幕大會通過黨章修正案，正式把「全面準確、堅定不移貫徹『一國兩制』的要求」寫入黨章，代表「保持香港資本主義制度和生活方式長期不變」，「一國兩制」將行穩致遠。

最後，我認為「十八大」、「十九大」報告都沒有的，是

「二十大」報告提出了對特區政府的要求——「堅持行政主導」、「提升全面治理能力和管治水平」、「完善特別行政區司法制度和法律體系」、「破解經濟社會發展中的深層次矛盾和問題」、「堅決打擊反中亂港勢力」、「堅決防範和遏制外部勢力干預港澳事務」等等——全港市民要在特區政府領導下加倍努力，不要辜負國家的關愛。

2022 年 10 月 31 日《am730》〈黎 SIR 事務處〉

懷念前國家主席江澤民
對港情誼

2022 年 11 月 30 日，新華社傳來噩耗，我們尊敬的前中共中央總書記、國家主席江澤民先生逝世，享年 96 歲。其遺體於 12 月 5 日在北京八寶山革命公墓火化，6 日早上在北京人民大會堂舉行追悼大會，全國人民默哀，由中共中央總書記、國家主席、中央軍委主席習近平致悼詞，回顧江澤民主席對國家的貢獻，寄託哀思。

特區政府全體也參與默哀儀式與觀看追悼大會。作為立法會議員，我與近 70 位議員，在梁君彥主席的帶領下，在立法會大樓參加默哀儀式及觀看追悼大會，深切悼念江澤民主席。細聽國家主席習近平宣讀接近一小時的悼詞，腦海泛起上世紀九十年代至香港回歸前後，一幕幕與江主席有關的畫面，追憶起這位促成香港和平順利回歸，主導香港「一國兩制」，也讓中國走向世界步向小康與富強的前國家主席的往事。

江澤民主席在 1989 年 6 月起主政，當選為中共中央總書記，1993 年 3 月出任國家主席，至 2002 年 11 月退任總書記與政治局常委，其影響力正正橫跨香港回歸前後的時期。

他曾四度訪港，對香港有深厚情誼。最重要一次，就是 1997 年 7 月 1 日香港回歸。他當時以中共中央總書記、國家主席身份來港出席回歸慶典，見證香港主權移交與香港特別行政區成立。回歸當年我擔任高級首席入境事務主任，在電視觀看回歸慶典，見到江主席代表中央政府恢復行使對香港的主權，中國國旗與香港特區區旗升起，象徵香港特別行政區正式成立，我的心與當時以江主席為核心的中方代表、香港特區政府代表一致，為香港回歸感到驕傲與歡樂，正如當年江主席「香港明天更好」的親筆題字一樣。

翌年他再度訪港，出席香港回歸一週年活動，先後到昂船洲檢閱解放軍駐港部隊，又到沙田醫院探訪病人，並親身落區到馬鞍山新港城中心商場與市民交流，非常親民。電視新聞畫面。當時很多市民希望與江主席握手，一睹國家主席的風采，當時江主席笑言「給你握，不給他握」，他以廣東話說「唔好呀」，非常親民風趣。據說江主席精通多國語言，如俄語、英語、日語等，廣東話當然不會難到他。

第三次訪港，是在本港經歷亞洲金融風暴期間，江澤民主席在 2001 年出席《財富》全球論壇，與商界領袖會面，加強推廣香港為亞洲最佳營商之地。他最後一次訪港，是 2002 年，出席香港五週年回歸慶祝活動和第二屆特區政府就職典禮。我非常榮幸當年在會場和江主席握過手，由他為特區政府官員監誓。當年我擔任入境事務處處長，至於葉劉淑儀其時則是保安局局長。

我們懷念江澤民主席為國家與香港作出的貢獻，展望未來國家在習近平主席的領導下，繼續堅持前進道路，就如習主席的悼詞所說，「新征程上，我們一定要保持只爭朝夕、奮發有為的奮鬥姿態和愈是艱險愈向前的鬥爭精神，掌握歷史主動，增強全黨全國各族人民的志氣、骨氣、底氣，不信邪、不怕鬼、不怕壓，全力戰勝前進道路上各種困難和挑戰」。國家有底氣，內心強大，無懼外部打擊，當然可克服任何困難，達到更遠大的發展目標。

2022 年 12 月 7 日　《悅傳媒》〈棟悉港情〉

從港區全國人大代表選舉
看科教興國

　　2022 年 12 月，選舉委員會可謂非常忙碌，要密密地履行責任，先於 12 月 15 日選出 36 位第十四屆全國人民代表大會代表，再於三天後的 18 日選出四位立法會選委界議員。我身為現任立法會議員，是選舉委員會第四界別的委員之一，當然盡忠職守，兩日也有投票。

　　說起來，同時期舉行兩場選舉，選委、候選人和團隊同樣忙得昏天暗地，不同界別的選委組織合共舉辦了數十場候選人見面會，候選人則像藝人登台那樣，日跑三場也不言累，爭取機會向選委解釋政綱，尋求支持。我們新民黨也先後舉行了立法會候選人見面會和港區全國人大代表候選人見面會，以加深黨內選委對候選人的了解。

　　港區全國人大代表選舉投票日那天早上，我一早便去到灣仔會展的投票中心，這次的安排十分周到，每位選委也有安排座位，用來填寫選票的專用筆可以留為紀念，而且點票極有效率，過程公開透明，除了選委填寫選票期間記者要離場，其他過程全部公開，程序一絲不苟，有條有節。

今屆的港區全國人大代表選舉競爭非常激烈，42 名候選人爭奪 36 席，大家得票相當接近，有些當選者的得票只差一票（例如陳勇 1238 票、陳振英 1237 票；蔡毅 1217 票、馬逢國 1216 票），也有當選者得票相同（凌友詩、梁美芬同得 1190 票）。就選舉結果而言，36 位當選者可說是眾望所歸，他們都是不同界別的翹楚，與內地有深厚淵源，十分熟悉內地運作，定能當好香港與中央政府的橋樑，為國家及香港做出貢獻。

值得深思的是，科技大學校長葉玉如以 1254 最高票榮膺票后，反映選委都明白國家對創科的重視，都明白「科教興國」的重要性。

習總書記在「二十大」報告的第五部分明確指出要「實施科教興國戰略，強化現代化建設人才支撐」，「必須堅持科技是第一生產力、人才是第一資源、創新是第一動力」，要「開闢發展新領域新賽道，不斷塑造發展新動能新優勢」。此外，還要「堅持教育優先發展、科技自立自強、人才引領驅動」，「着力造就拔尖創新人才」。從這次的選舉結果看來，香港務必跟隨國家的戰略目標奮進！

2022 年 12 月 19 日《am730》〈黎 SIR 事務處〉

撤銷《禁蒙面規例》
屬偽命題

　　隨着「口罩令」的撤銷，社會上有聲音關注《禁蒙面規例》的存廢，有立法會議員便在立法會提出口頭質詢，詢問特區政府是否應放寬《禁蒙面規例》的相關限制（2023 年 3 月 22 日）。那邊廂，隨着疫情消退社會復常，合法遊行示威集會等活動亦將重現，警方剛對一宗遊行申請批出「不反對通知書」，但是加上參加者須掛上識別牌、須遵守《禁蒙面規例》等條件，當然亦不能做出「不利國安」的行為。

　　我認為在仔細討論《禁蒙面規例》的存廢前，大家必須搞清楚，「口罩令」與《禁蒙面規例》在本質上存在巨大差異，「口罩令」是要求市民在疫情下佩戴口罩以保障健康，而《禁蒙面規例》是禁止有人在參加遊行示威集會等活動時戴着蒙面物品來隱藏身份，企圖在進行犯法活動後逍遙法外，可見兩者根本不能混為一談。那些提倡既然取消了「口罩令」那就要跟着取消《禁蒙面規例》，大家遊行可以蒙面的聲音，實屬混淆視聽。

　　回說《禁蒙面規例》，相信大家不會忘記，那是在 2019 年漫長的黑暴期間，特區政府根據《緊急情況規例條例》訂

立的，立法原意正如前述，保障社會秩序和公共安全，長遠而言則是為了保障國家安全。我十分認同保安局局長鄧炳強在立法會回覆議員質詢時所指，香港近年仍存在國家安全隱患，破壞力量潛伏社會，網上仍有煽動叛亂、提倡港獨的言論，警方也不時搜出大殺傷力爆炸品等等，反映《禁蒙面規例》有保留必要，能有效防止別有用心人士蒙着面滲入正當合法的遊行示威集會來搞破壞，把和平合法的活動變成非法、暴力抗爭。換句話說，《禁蒙面規例》保障了守法的市民和平合法地參加遊行示威集會的權利，同時減低公安風險。

再者，《禁蒙面規例》本身已有列明豁免的情況，例如若該人士本身有疾病、因健康理由而需佩戴口罩，便可作為合理辯解；而且《禁蒙面規例》是規管《公安條例》下的遊行集會或集結，與市民在日常生活中戴不戴口罩無關；因此一般市民不必過度擔心自己會否誤墮法網。

更重要的是，《禁蒙面規例》經得起司法考驗。《禁蒙面規例》在 2019 年推出後，反對派入稟法院提呈司法覆核，終審庭在 2020 年底頒下終極裁決，裁定《禁蒙面規例》沒有違反《基本法》，合法合憲。終審庭認為蒙面並不是和平集會的核心權利，《禁蒙面規例》對於遊行集會所作的限制合符法例，既沒有侵害市民的人權自由，同時有阻嚇暴力罪行的合法目的。

綜上所論，我認為撤銷《禁蒙面規例》是偽命題，《禁蒙面規例》不單有保留必要，而且有優化空間。我建議特區政府研究把《禁蒙面規例》加入《公安條例》中，使之成為我們的恆常法律，防範別有用心人士以蒙面的方式破壞公安，進一步保障市民合法遊行示威集會的自由，進一步維護國家安全。

2023 年 3 月 27 日《am730》〈黎 SIR 事務處〉

遊行的
掛牌與膠帶

香港社會復常後的首次遊行活動，已於週日即 2023 年 3 月 26 日順利舉行。由於是疫後第一次，這次遊行受到社會各界高度關注，警方關注公安秩序、遊行人士關注自己能否順利表達訴求、媒體關注港人的遊行集會自由有沒有受到侵害等等。而活動順利進行的背後，包含了警方和遊行團體的持續磋商，最後警方發出「不反對通知書」，附加了遊行人士須遵守《禁蒙面規例》、須掛上號碼識別牌、須拉上膠帶，以及不能做出違反國安行為等等要求。

猶記得 2019 年的黑暴，多少次和平遊行最終都演變成暴力抗爭，時至今日，市面的確平靜下來，但是國安暗湧仍在，警方根據《公安條例》嚴格審視遊行申請，謹慎評估安全風險，是必須的，這點希望市民理解。

黑暴前，遊行集會沒有人數限制，沒有識別要求，也未禁蒙面，於是出現大量 V 煞、蒙面暴徒滲入遊行隊伍中，和平遊行不再和平，暴力衝擊、佔領破壞甚至縱火等行為則一發不可收拾。相對地，今次警方要求遊行人士掛上號碼牌，又要求遊行隊伍拉上膠帶，不是留難不是侮辱，而是盡

力防止別有用心人士混入遊行隊伍中搞事，是盡力防範黑暴重現，也是盡力保障遊行人士的安全，讓遊行和平有序地進行。

其實我們日常生活中有很多活動或場合也要求參加者佩戴名牌、PASS、入場證，也有很多場合，主辦方會以膠帶或圍欄來維持秩序，大多是為了「以茲識別」，談不上侵犯私隱。今次也雷同，警方要求的掛牌只是為了整體識別遊行隊伍，掛牌上沒有姓名等個人身份記認，那條膠帶也只是為了把遊行隊伍與其他市民分隔開來，不單沒有損害市民的遊行、表達自由，反之是保障隊伍在更安全的情況下完成遊行。

至於這些附加要求會否成為先例，會否成為日後遊行集會的新常態，現在真是言之尚早。社會一直在變，若未來我們的社會變得更安全，國安風險減得更低，警方自然會依據評估調節做法。正如行政長官李家超所說，警方在每次行動後，都會參考過程並設計良好方案，我們應該有信心，警方能妥當處理有關工作。

「光城者案」判決適當，
聯合國指控無理

近年，西方社會及傳媒對香港的偏頗描述愈見走歪，不理會香港實況，企圖打着「香港牌」來壓制中國。例如聯合國人權高級專員發言人沙姆達薩尼（Ravina Shamdasani）便就法庭判決五名「光城者案」的未成年被告入教導所，對特區政府作出指控（2022 年 10 月 11 日）。

專員指聯合國曾於 7 月向特區政府提出警告，要求廢除《香港國安法》，現在則對於《香港國安法》繼續實施並且用以「針對兒童」（against children）感到可惜，更因「光城者案」的未成年被告判入教導所而「感到震驚」（we are alarmed），又要求特區政府履行保障國際人權的義務云云。特區政府對於這些指控自然是據理反駁、譴責。

我認為上述指控並無理據。首先，維護國家安全的法律，舉世皆有，是每個政府都必須要做的事。再者，《香港國安法》第 4 條已列明「維護國家安全應當尊重和保障人權」，「依法保護《公民權利和政治權利國際公約》、《經濟、社會與文化權利的國際公約》適用於香港的有關規定」。因此，《香港國安法》與這些公約並沒抵觸。

至於「光城者案」這案件，七名被告共同被控一項「串謀煽動他人實施顛覆國家政權罪」，違反《香港國安法》第 22 條及第 23 條。案情指他們「持續地透過網上社交媒體平台、街站演講、派發單張、記者會和網上直播散播煽動訊息，煽動公眾人士以武裝起義推翻中華人民共和國政府及香港特別行政區政府。」案情相當嚴重，而其中五名未成年被告被判入教導所，我認為是合適的裁決。

　　《香港國安法》指定法官郭偉健在長達 16 頁的判詞中，對於案情細節及判刑原則，為甚麼判他們入教導所而不是其他刑罰，有詳細清晰的論述。

　　判詞指出，根據《香港國安法》，「情節嚴重的，處五年以上十年以下有期徒刑，情節較輕的，處五年以下有期徒刑、拘役或者管制」，當中，「拘役」指監禁、入勞役中心或教導所，「管制」指社會服務令或入感化院。而「法庭在界定案件情節輕重時，重要的着眼點是犯案者的行為，及所引起的實質後果、潛在風險和可能影響」。判詞指出，被告們持續性地煽動他人實施顛覆國家政權罪，若非被捕，他們的非法行為不會停止。再者，「他們鼓吹的武裝起義是流血革命」，「他們在每次街站的演講都在重複這些相同的論點，貼文的內容亦散播着相同的理念」。因此，「單是他們的煽動行為的內容，即他們宣揚以無底線流血革命來推翻現有政權經已令本案屬情節嚴重」。

判詞明確指出，「在罪行的整體層面上，本案屬情節嚴重」。而在判刑時，要考慮每名被告的罪責。五名被告「在犯案時都是年輕」，「一般而言，年青人的不成熟和容易受人唆擺是減輕罪責的原因，這是普通法判刑原則」。法官相信，「他們必然是在案發時受到當時的社會氛圍及一些人的誤導，令到他們對於身處的香港和國家有着嚴重錯誤的觀感，導致他們產生進行流血革命的極端想法」，「因此，在疑點利益歸於被告的前提下，將每名被告犯案的情節降低至情節較輕的層次」。但是判處社會服務令不能達到阻嚇的作用，法官在「平衡了阻嚇和給予被告更生的機會」下，判處五名未成年被告「羈留於教導所」。

　　法官的判刑邏輯很清楚，是針對案情嚴重性來作出裁決，《香港國安法》並非「針對兒童」，只是本案被告恰巧是未成年人。聯合國的指控是無的放矢，或者純屬政治指控。我建議司法機關把本案的中文判詞譯成英文，讓聯合國的專員再讀一讀，讓他們收口。

2022 年 10 月 17 日《am730》〈黎 SIR 事務處〉

法例條文的
中英爭拗

　　黎智英涉嫌違反《香港國安法》一案，於 2022 年 12 月 1 日展開審訊。被告人申請聘用一位英國御用大律師來香港為他抗辯，律政司和大律師公會都提出反對，高等法院首席法官經考慮後批准申請，律政司不滿，向上訴庭提出上訴遭駁回；律政司決定續向上訴庭申請終審法院上訴許可。終審法院將作何裁決，現在仍未揭盅。據報導御用大律師將於本週抵港，事件在社會上引起很大關注和討論。

　　《香港國安法》是非常重要的法律，肩負維護國家安全的重責，而其訂立的背景、香港的實際情況與外國完全不同，外國大律師並無相關經驗和獨特優勢，聘請他們來香港參加辯護工作，並不合適。也有可能引發其他問題，例如因為語言問題而對法例條文有爭拗。翻查資料，過去曾有案例，法庭在審理案件時，因為對《基本法》條文的中英文字眼有不同解讀而有爭議，甚至引致不同結果的裁決。不過，解釋《基本法》有明確規定，必須以中文版本為準。但是《香港國安法》則只有中文版，沒有官方英文版，因此，完全不懂中文的外國大律師，只能依靠非官方的英文翻譯來理解《香港國安法》的條文，因為翻譯問題而引起

爭議的機會大增。

領養子女「談雅然案」

回歸後曾有發生中英文版本解釋不一致爭議的《基本法》案例，其中一個例子是回歸初期的「談雅然案」（2001年）。談雅然在內地出生，被一對香港永久性居民夫婦領養，是領養子女。談雅然指她是港人在內地的子女，有居港權，但是入境事務處指領養子女沒有居港權，談雅然的養父母入稟法院提出司法覆核。

案件的爭拗點在於談雅然是否符合《基本法》第24條第2款第3項：「中國籍香港永久性居民在香港以外所生的中國籍子女」的規定，重點字是「所生」的解釋。中文的意思很清楚，「所生」就是指親生的、有血緣關係的，而談雅然是領養子女，明顯不是其養父母「所生」的，因此沒有居港權。

但是該條文的英文版的寫法是「Persons of Chinese nationality born outside Hong Kong of those residents...」，當時高等法院原訟庭法官認為重點是「born outside Hong Kong（在香港以外地方出生）」，即是沒有親生的、有血緣關係的意思，因此是包含領養的。

後來案件上訴至終審法院，五位大法官之中，大法官包

致金（Syed Kemal Shah Bokhary）認為「born outside Hong Kong」是指「在香港以外地方出生」，沒有指明是要親生的，因此認為領養子女談雅然有居港權。但是其他四位大法官則裁定「所生」二字才是重點，字面的解釋是親生的意思，非常清楚。終審法院最終裁定領養子女談雅然沒有居港權。

「談雅然案」可算是因為法律條文的中英文版本差異而引發爭議的經典例子，即使「所生」、「born of」這麼簡單的字詞也可以引致相反的裁決。

自願生育的權利

另一個例子是《基本法》第 37 條，中文是「香港居民的婚姻自由和自願生育的權利受法律保護」，英文版則寫成「The freedom of marriage of Hong Kong residents and their right to raise a family freely shall be protected by law」，差異在於「自願生育的權利」和「right to raise a family freely」的意思可以有不同解讀。

在當時的一系列司法覆核案件中，有司法覆核申請者的律師多次嘗試說服法庭，「right to raise a family freely」的意思是「保障家庭生活的權利」，但是法庭非常清晰地指出，解讀《基本法》條文必須以中文版為依歸，而很明顯「自願生育的權利」就是「自願選擇生育與否、喜歡生多少孩子都可以」的意思，因為這條文的立法原意是回應當時中國憲法

規定的一孩政策，而香港居民不必遵守一孩政策，想生便生。因此該條文的英文版「right to raise a family freely」不能理解為「保障家庭生活的權利」。

　　從上述兩個例子便可了解到，法例條文可以因為中英文的不同解讀而引致截然不同的結果。黎智英案涉及的《香港國安法》並沒有官方英文版，若有不懂中文的外國大律師參與訴訟，屆時的爭拗勢必更多。

兩宗國安案件，
四個法律觀點

最近，久違的「釋法」二字又進入大眾視線，因為黎智英申請聘請英國御用大律師來港為他打官司，律政司一方反對，法庭則批准申請；律政司上訴，又被上訴庭駁回；律政司鍥而不捨，甚至出動前律政司司長袁國強資深大律師上陣，提出全新理據，向終審法院申請上訴許可，可是再遭終審法院駁回（2022 年 11 月 28 日）。行政長官李家超隨即宣布提請人大釋法，要求釐清「根據《香港國安法》的立法原意和目的，沒有本地全面執業資格的海外律師或大律師可否以任何形式參與處理危害國家安全犯罪案件的工作？」

全國人大常委會將於哪天釋法，現在未可知，但是我們可以細讀終審法院的判詞（FAMV 591/2022），多了解一些法律觀點和法庭的思路。

嶄新論點沒經下級法庭辯論不予接納

追本溯源，海外大律師在香港沒有執業資格，不能隨便來香港打官司，要以「專案認許」的方式向法庭申請許可（即是逐案件計），而法庭可根據《法律執業者條例》運用酌情

權，批准或拒絕申請。這次是首宗涉及國家安全的「專案認許」申請，影響深遠。

袁國強向終審法院提出了前兩審沒提出的理據，包括「《香港國安法》本身性質獨特」，「是根據中國的法律系統，即大陸法所草擬」，而「海外大律師的專業知識和經驗純粹基於普通法」，難以對《香港國安法》的法理原則在香港特別行政區發展有所貢獻；同時難以確保海外大律師對其在香港執業活動中知悉的國家秘密或其他機密資料予以保密等等。

要留意的是，終審法院並不是贊成或反對上述理據而拒絕申請。反之，終審法院認為這些「嶄新的論點」事關重大，可以「引發出多個爭議」，但是「這些爭議從未在下級法庭從事實或法律角度探討過」，即是沒有經過控辯雙方的仔細辯論，若終審法院接納，反而會影響相關法律程序的公平性。根據「Flywin 案原則」（Flywin Co Ltd v Strong & Associates Ltd 2002），「法庭可拒絕受理從未在下級法庭探討過的全新論據」，因此，終審法院其實是基於技術理由，駁回律政司一方的上訴申請。

司法機關有責任維護國家安全

律政司一方提出，「根據《香港國安法》第 3 條，香港特別行政區的行政機關、立法機關和司法機關有責任有效防範、制止和懲治危害國家安全的行為和活動」，律政司認為

下級法庭沒有認清「在涉及國家安全的案件中，海外大律師的專案認許與《香港國安法》的目的和設計固有地無法相容」。換句話說，律政司認為若批准英國御用大律師來港，法庭便無法確切維護國家安全。

終審法院雖然不同意這點，但在判詞中特別強調「凡經妥善提出及充分探討涉及國家安全的爭議，法庭必定貫徹履行此責任，對有關爭議作出恰當的裁決」。由此可見，法庭對其角色及責任相當自覺，刻意重申其在《香港國安法》的責任。

減刑後最低五年刑期是強制性的

另一宗出現全新法律觀點的案件，是《呂世瑜不服刑罰上訴許可申請案》（CACC 61/2022，11月30日）。案情指呂世瑜通過一個 Telegram 頻道宣揚港獨，而呂世瑜在原訟庭承認一項「煽動他人分裂國家」罪，違反《香港國安法》第 20 條和第 21 條，原訟庭認為「情節嚴重」，根據《香港國安法》第 21 條，「情節嚴重的，處五年以上十年以下有期徒刑」。原訟庭以五年六個月為量刑起點，而根據慣例，被告適時認罪一般可扣減三分之一刑期，但是五年六個月減去三分之一後，即三年八個月，低於《香港國安法》第 21 條列明的最低五年刑期，原訟庭於是改為判囚五年。呂世瑜不服刑期，提出上訴，引起「情節嚴重的，處五年以上」是指減刑前最低五年，抑或減刑後的最終刑期不可低於五年的爭議。

上訴庭的裁決簡單直接，首先指出「本庭經小心考量本案罪行的情節，認為符合《香港國安法》第 21 條定義中情節嚴重的罪行，原審法官所作類別界定正確」，上訴庭同意原審法官的看法，即是不會把案情從「情節嚴重」改分類為「情節較輕」。

上訴庭認為「情節嚴重的，處五年以上」是「反映法律草擬者對情節嚴重的《香港國安法》第 21 條罪行的嚴重性」有充分考慮，因此，「五年最低刑期是強制性的」，「對於情節嚴重的罪行，無論法庭給予多少扣減，最終刑期必定不可低於較高檔次內的強制五年下限」。因此，上訴庭「維持原審法官判處的五年監禁刑期，並駁回不服判刑的上訴許可申請」。

可參考內地判刑法律

第四個本文討論的法律觀點，是律政司一方指「由於《香港國安法》與本地法律有需要銜接，內地判刑法律在《香港國安法》用詞的涵義方面，對處理詮釋事宜會有所幫助」，企圖援引內地刑法。對此，上訴庭指出，「基於《香港國安法》是在香港實施的全國性法律，地位特殊，參閱相關內地法律以助詮釋是恰當的」，不過，呂世瑜這案則沒有參考或查閱內地判刑法律的需要。

總括而言，由於上級法院的裁決對下級法院有約束力，上述四個觀點對於今後的國安案件裁決，將有深遠影響。

2022 年 12 月 5 日 《悅傳媒》〈棟悉港情〉

不要亂扣
法庭帽子

黎智英官司纏身，除了國安官司因為聘用海外大律師而惹起軒然大波，另一宗欺詐案則於 2022 年 10 月 25 日審結，黎智英被判欺詐（Fraud），罪名成立，區域法院法官陳廣池於 12 月 10 日判刑，判處黎智英入獄五年九個月和罰款 200 萬元，另取消擔任董事資格八年。

判詞指這是一宗簡單的欺詐案，案情指被告黎智英違反將軍澳工業邨（香港科技園公司）處所契約的租用條件，黎智英私人公司「力高顧問有限公司」自 1998 年 4 月起進駐駿盈街八號壹傳媒總部大樓，長年分租，佔用地方，但是一直沒有通知科技園，亦沒有申請相關牌照。「力高」從沒出現在大樓的水牌上，即使科技園代表多次巡查，亦沒人告之「力高」的存在。而根據科技園的租契，租出的土地只能用於租契上列明的用途，承租者不能擅自把該土地分租或任由他人佔用。因此，這案可謂一字咁淺，黎智英欺詐罪成，沒有懸念。

不過，因為被告是黎智英，這案件毫不例外地引起西方政客關注，七嘴八舌，雜音多多，旨在借黎智英來攻擊抹

黑香港打壓人權自由。例如美國國務院發言人普萊斯（Ned Price）在「推特」宣稱美國譴責香港，指控判刑不公平、不公義，要求中國尊重香港的新聞自由和言論自由；也有美國參議員要求立即釋放黎智英。英國也來湊熱鬧，下議院外交委員會主席凱恩斯（Alicia Kearns）指黎智英是英國公民，應得到英國政府聲援云云。

面對這些抹黑，外交部駐港公署及特區政府當然發出聲明強烈駁斥。我則認為事實勝於雄辯，其實只要細閱陳廣池法官的判詞，就知道西方的指控絕不成立。判詞明確指出「法律面前，人人平等，這是一般人所公認的法治精神」。富豪高官不等於不會犯法，「一個傳媒大亨，管控一個頗具規模的傳媒網絡及實體報刊，並不表示他因有第四權而不會犯法，更不能說執法機構檢控這傳媒大亨便等同攻擊新聞自由」。「本案的性質純然是一宗簡單的欺詐案，不應把案件的審訊扣上任何政治帽子。這對控辯雙方以及整個社會都是不公平的」。

陳廣池法官的邏輯、條理非常清晰，很明顯這就只是一宗有關租約的欺詐案，與新聞自由、言論自由一律無關，西方的指控才是罔顧事實的打壓抹黑，他們才應該停止這些顛倒是非、上綱上線的行徑，還法庭清白！

2022 年 12 月 15 日 《悅傳媒》〈棟悉港情〉

全國人大常委會釋法，確立誰來判定是否屬於國家安全問題

2022 年歲末，全國人大常委會又一次替香港特別行政區堵塞了一個棘手的維護國家安全漏洞，即「不具有香港特別行政區全面執業資格的海外律師擔任危害國家安全犯罪案件的辯護人或者訴訟代理人是不是屬於國家安全問題」。新華社發布釋法全文後，香港各界人士紛紛表態歡迎，讚好之聲不絕。

全國人大常委會的釋法，一針見血地處理了問題的癥結。「解釋」不單彰顯了國家最高權力機關行使憲法和《香港國安法》解釋法律權力的必要性、正當性和權威性，也再一次明確行政長官和維護國家安全委員會在維護和判定涉及國家安全問題的權力和責任。這些決定都有法律約束力，行使權屬於行政長官和維護國家安全委員會，足見全國人大常委會花了很大心思研究和處理。釋法是實踐《香港國安法》有關「中央負有根本責任和香港負有憲法責任」條文的具體表現，是原則性處理出現的新問題，不針對個別案件。同時，全國人大法工委亦指出釋法有追溯力，和《香港國安法》同日生效。

這件事的爭議，源於法庭在考慮行使酌情權，容許英國

御用大律師來港擔任危害國家安全犯罪案件的辯護人時，只根據《法律執業者條例》第 27（4）條處理，沒有顧及問題的本質，即是否屬於國家安全的問題。由於沒有考慮這個重大原則，結果自然有偏差。

釋法內容並不複雜，只有三條，人人看得懂，看得明白。

第一條重申明確維護國家安全委員會的法定職責是對涉及國家安全的情況和問題作出相關判斷和決定，具有法律效力，所有機關和組織都要執行。

第二條重申明確法庭在審理涉及危害國家安全的案件，遇到要認定某行為是否涉及國家安全時，應當向行政長官提出並取得他發出的「證明書」。行政長官的決定對法庭有約束力。

第三條直截了當明確「不具有香港特別行政區全面執業資格的海外律師擔任危害國家安全犯罪案件的辯護人」屬於國家安全問題。根據《香港國安法》第 47 條的規定，法庭要向行政長官提出並取得由他發出的「證明書」。若果法庭沒有這樣做，維護國家安全委員會要履行職責，作出判斷和決定。

事件發展到此，我有以下幾點觀察：

一、釋法是從法理上處理今次爭議，是原則性明確立法原意，不針對個別案件，也不是代替香港法庭行使司法審判權。釋法不單無損香港法庭的獨立審判，也對法治帶來積極

和正面的影響。

二、釋法重申了維護國家安全委員會、行政長官和法庭在《香港國安法》下的相關權責，各司其職，共同維護國家安全。

三、全國人大常委會一錘定音，終止了爭拗，掃除了障礙，使案件可以適時審理。

四、釋法既展現中央政府嚴格依法對特區行使全面管治權，也體現了對特區行政、立法和司法機關履行維護國家安全職責的充分信任。

事情往後怎樣發展呢？我估計有三個可能性：

一、黎智英自行撤換律師。

二、律政司要求法庭根據解釋的第 2 條和第 3 條，向行政長官提出並取得他發出的「證明書」。

三、維護國家安全委員會根據第 3 條開會討論，作出判斷和決定。

相信特區政府也會快馬加鞭，修改《法律執業者條例》。同時，《基本法》第 23 條立法也會加快處理。

不容外部勢力
向法庭施壓

別人是負債纍纍，黎智英則是負案纍纍，而且即使已是階下囚，為了掙脫牢獄，仍然使勁出招，繼早前因為聘用英國御用大律師來港為他打官司而引致全國人大常委會釋法後，最新一招更直奔英國唐寧街十號，可見其背後力量是如何狡猾，詭計多端。

根據報導，黎智英的「國際律師團」去信英國首相辛偉誠，要求「緊急會面」，商量「黎智英獲釋放的可行方法」。而辛偉誠則派了外交部印太事務國務大臣卓雅敏與律師團會面。辛偉誠的發言人更承認「向黎智英提供支援已有一段時間」。報導一出，果然引起軒然大波，外交部、特區政府接連譴責。

黎智英這一招看似是大招，卻並不聰明。人人都知道他被控的其中一條罪，就是《香港國安法》的「勾結外國或者境外勢力危害國家安全罪」，如今他的所謂「國際律師團」無恥地央求英國首相出手營救，英方更直認過去已提供支援，這不是赤裸裸地坐實罪名嗎？

香港是法治之都，一直維持司法獨立，法庭是基於法律和證據裁決案件，不應受到任何干擾。如今英國政治介入，無非就是製造國際輿論，公然向法庭施壓，不尊重法律、法庭和法官，做法可恥，我們絕不能屈服！再説，若今日英國能這樣霸凌中國香港，隨意向法庭施壓，破壞法治，明天也可以這樣對待其他地方，這可不是大國所為。

　　還有一點特別重要的，也是我經常強調的，就是黎智英所觸犯的罪行，與他是所謂的傳媒大亨、「第四權」或者新聞自由，都沒有關係。法律面前人人平等，我們不能因為被告剛巧是傳媒人，就假設他不會犯案，更不能錯誤地認為如果法庭把他定罪，便等於損害新聞自由。在香港，新聞自由是受《基本法》保障的，這一點今天不會改變，往後也不會改變。

2023 年 1 月 12 日　《悦傳媒》〈棟悉港情〉

早知今日，
何必當初

「泛民 35 ＋初選案」開審，引起傳媒廣泛關注，也引來西方政府的無理指控，特區政府嚴辭指責，以及西九龍裁判法院遭射爆玻璃等一連串連鎖反應。案中 47 名被告被控觸犯《香港國安法》串謀顛覆國家政權罪，梁國雄及林卓廷等 16 人不認罪，戴耀廷及黃之鋒等 31 人認罪，當中趙家賢、區諾軒、鍾錦麟及林景楠轉為控方證人頂證其他被告。傳媒報導揭開案情細節，眾被告當初如何籌劃、行事，情節之複雜，奪權意圖之明顯，真是「編劇也不敢這樣寫」。無論如何，干犯法律的人，必須受到法律制裁，絕不能姑息。

想當初，戴耀庭以法律學者的身份，不停發表奪權文章，又發表「真攬炒十步」路線圖，他自以為充分地鑽了《基本法》的空子，計劃讓泛民透過立法會選舉奪取「35 ＋」議席後，便可控制立法會，無差別地否決《財政預算案》，癱瘓立法會，迫行政長官解散立法會，跟着癱瘓特區政府運作，最終迫使行政長官辭職。他又預言中央及特區政府的反制手段必會招致西方政府的制裁，又呼籲西方政府提供「救生艇計劃」保護他們、協助他們離港等等。同步又有人打「國際線」呼籲西方政府、歐洲議會做這做那，還有眾人簽

署「墨落無悔」立場書等等，聽着已覺得一切行動都非常有組織、有計劃、有預謀。

不過，夢想總是很豐滿，現實往往很骨感。即使他們的計謀如何縝密，現實上仍是有很多事情是預料不到的，不依他們意願的。

首先，猜想他們的「雄心壯志」掩蓋了理智，一廂情願地以為即使幹了那麼多圖謀奪權之事，都會像過去非法佔中時那樣，打着「公民抗命」來逍遙法外，沒想過自己會被捕、被告，甚至坐牢。

第二，大抵他們沒想過，忽然會有新冠疫情來襲，原定2020年9月舉行的選舉因而押後，打亂他們的如意算盤。

第三，估計他們萬萬沒料到，中央政府能冷靜睿智地回應黑暴、處理香港局勢。中央政府果斷地為香港訂立《香港國安法》、完善選舉制度，讓反對派偃旗息鼓，手段直截了當。

《香港國安法》生效後，當時中聯辦及特區政府多次警告，泛民舉辦立法會初選將觸犯《香港國安法》，但是戴耀庭等人一再聲稱沒問題、沒犯法、很安全，完全就是貪圖僥倖，不計後果。

到後來完善選舉制度後的立法會選舉，雖仍有泛民人士

參選，但是全軍盡墨，再加上數十人被捕被控，的確是完美呈現何謂「攬炒」，大狀也好、機師也罷，大好前途從此毀，認真諷刺。

　　至於美國國會和議員借機對香港指手劃腳，抨擊香港刑事司法程序，美化犯罪分子等等，我認為等同向法庭施壓，簡直是踐踏法治，應予以強烈譴責！

海外大律師來港執業
要過三關

　　早前因為黎智英欲聘請海外大律師來港為他的官司上庭而引發軒然大波，全國人大常委會於 2022 年 12 月 30 日釋法，就《香港國安法》第 14 條和第 47 條，指海外大律師的專案認許申請是否涉及國家安全，應由行政長官發出「證明書」，而且「證明書」對法院有約束力。後續工作方面，律政司提出修訂《香港法例》第 159 章《法律執業者條例》。2023 年 3 月 22 日，律政司向立法會提交了《2023 年法律執業者（修訂）條例草案》，動議首讀和二讀。

　　根據現行法例，海外大律師不能隨意在港執業（來港上庭），必須根據《法律執業者條例》第 27（4）條，向高等法院申請專案認許，而且是逐案件逐次審批的。即使同一位大律師，可能這次獲批但下次遭拒。容許海外大律師來港上庭的原意，一是因為香港沒有最適合該類案件的法律專家，二是法庭相信這些來自其他普通法地區的大律師來港參與訴訟，可以為案件涉及的相關法律原則，應該怎樣詮釋和應用，作出貢獻。

　　這個審批制度行之有效，直至黎智英案件衍生重大問題

——涉及國家安全的案件是否適合有海外大律師來港參與法庭訴訟？其實環顧世界，大抵沒有實施普通法的國家或地區，會容許不在當地有全面執業資格的大律師參與涉及國家安全的官司，道理不辯自明，想也想得到。再者，我們也要顧及本地法律人才的培訓，特別是國家安全案件，培養這方面的本地法律精英，自然更加重要。

因此，這次的《2023 年法律執業者（修訂）條例草案》開宗明義，第 27B（1）條不容許海外大律師來港參與涉及國家安全或不利於國家安全的案件。只有一個情況例外——如果行政長官經過考慮後，有充分理由相信，該名海外大律師來港執業是不涉及國家安全或不會不利國家安全。

《草案》設置了三道關卡，第一關是要取得「准許進行申請通知書」（准許通知書）。若案件涉及國家安全或不利國家安全，行政長官不會向該名海外大律師發出「准許通知書」，而法院亦不會在沒有「准許通知書」的情況下，作出進一步行動；換句話說，「行人止步」了。那些明擺着是涉及國家安全的案件，請當事人偃旗息鼓，別多此一舉提出申請，反正行政長官是不會批出「准許通知書」的。

那麼，海外大律師是否在行政長官批出「准許通知書」後，便可直接來港執業？非也，因為要通過第二關。拿到「准許通知書」後，申請便會交給法庭，法庭會根據《香港國安法》第 47 條的規定，向行政長官提出並取得案件是否

涉及國家安全的「證明書」。這時，行政長官會再次考慮該名海外大律師就有關案件來港執業是否涉及國家安全或不利國家安全。若行政長官仍然認為不涉國家安全或不會不利國家安全，法庭才會根據一貫確立的原則，考慮是否批准申請。

審批權一直在法庭手上，《香港國安法》第 47 條加入行政長官「證明書」的規定，是因為行政機關比法庭更加掌握和了解相關案件是否涉及國家安全。

最後還有第三關，就是行政長官批出了「證明書」，法庭也通過專案認許，准許海外大律師來港打官司。但若官司開審後，有新情況（例如有資料或證據出現，案件可能涉及國家安全或會不利國家安全），法庭便要暫停審理該案件，然後把最新的情況告知行政長官，要求行政長官重新研判。若行政長官仍然認為不涉國家安全，便可以發出「新證明書」，一切繼續進行；但若這次行政長官改變決定，認同事件涉及國家安全，那位海外大律師便不能繼續代表當事人出庭。

最後還有一點，新修訂沒有追溯力，要待條例在立法會三讀通過、行政長官簽署生效後，才開始實施。不過無論如何，在國家安全至為重要的大前提下，這次修訂既嚴謹又合時，香港特別行政區在履行維護國家安全的工作上又踏出一大步。

2023 年 4 月 3 日《am730》〈黎 SIR 事務處〉

儘快立法
杜絕港獨訊息

　　接二連三地有國際欖球賽事把港獨歌當作中國國歌播出，也有賽事播出中國國歌時，畫面字幕展示了港獨歌的歌名。這樣荒謬的事情在短時間內連環發生，最新鮮熱辣的有阿聯酋迪拜亞洲經典健力錦標賽，偏偏錯誤播出的都是港獨歌，是巧合？還是人為？

　　接連出事，震驚全城！特區政府強烈表示不能接受，予以譴責，向相關體育總會、奧委會層層投訴，及展開刑事調查；港協暨奧委會立即制訂了「區旗區徽國歌」指引，讓香港代表隊「袋住出賽」，但是荒謬事件繼續發生，那究竟是指引無力，抑或執行不力？

　　截至目前，幾個主辦單位先後聲稱是低級人員、技術人員、字幕人員出錯，真是信不信由你。幾次事件的共通點之一，是主辦單位聲稱是採用了互聯網搜尋器上「香港國歌」的版本，或者是「從 YouTube 播放」等等。若不論事件背後是否有政治操作或刻意圖謀，至少表面上來說，互聯網上充斥港獨訊息，而把港獨歌引為「香港國歌」的訊息更在搜尋結果置頂，是引發連串事件的主因，若特區政府不正視問

題，對症下藥，恐怕類似事件陸續有來。

特區政府表示已向互聯網搜尋器平台及網絡供應商嚴正交涉，要求糾正訊息，把正確中國國歌置頂，對方表示會跟進，不過只要你上網搜一搜，就知道跟進進度為零。創科局副局長張曼莉在 2022 年 11 月 30 日的立法會大會上，長篇大論解釋搜尋器演算法、如何進行搜尋器優化工作等等，就遭到新民黨主席葉劉淑儀議員訓斥「答案冗長重覆！」、「根本無回答問題！」、「太過分！」，葉太還指出「如果現在搜尋仍然出現黑暴歌，即是優化工作無用！」，我十分同意葉太的說法。

目前特區政府對互聯網搜尋器平台及網絡供應商束手無策，因為香港沒有法例賦權。葉太在會議上舉出新加坡為例，非常有參考價值。新加坡於 2021 年 10 月 4 日通過了 The Foreign Interference（Countermeasures）Act（FICA）《防止外來干預（應對措施）法案》，並已於 2022 年 7 月 7 日生效。

該法例第 6 條賦權內政部長（Minister for Home Affairs）指示社交平台、電子通訊平台、網絡供應商、網站網誌或社交專頁的營運者，協助政府調查及處理這些違反國家安全的資訊，是否涉及外部勢力。

第 9 條（b）賦權內政部長發出終止指示（Disabling Direction），要求社交平台或網絡供應商等等終止發布涉事

內容。

第 9 條（d）賦權內政部長發出限制賬戶指示（Account Restriction Direction），鎖起涉事賬戶。

第 9 條（e）賦權內政部長發出屏蔽指示（Access Blocking Direction），直接屏蔽涉事內容。

第 9 條（f）賦權內政部長發出移除指示（APP Removal Direction），移除涉事的流動應用程式。

新加坡這條法例還有其他條文，這裏就不盡錄。回說香港面對的情況，即使「區旗區徽國歌」指引再細緻，也不能把責任全放在比賽的領隊、運動員身上。我認為特區政府應繼續調查連串事件背後有沒有政治動機或組織操控；長遠而言，更應像新加坡那樣，儘快立法，加強監管，杜絕現在網絡供應商漠視國家安全，對特區政府的要求愛理不理的問題。

2022 年 12 月 5 日《am730》〈黎 SIR 事務處〉

Google 倨傲
令人齒冷

　　國際體壇盛事接連播錯中國國歌，輾轉發酵成敲打 Google，皆因在 Google 搜尋結果置頂的是黑暴歌曲，而非中國國歌《義勇軍進行曲》。事件演變成特區政府與 Google 的拉鋸戰，不論特區政府怎樣與 Google 接洽，要求刪除假國歌，要求把真國歌置頂，Google 都擺出一副「你奈我唔何」（你能把我怎麼樣？）的倨傲姿態，説甚麼不能人為操縱演算法的搜尋結果（但是付費便可以），都是推搪之辭，路人皆見。想 Google 也心知肚明，國歌象徵國家，哪首歌是哪國家的國歌，不是以點擊率或搜尋次數來推算，而是國家政府決定的，而搜尋平台要確保流通的是正確資訊，並且要刪除假新聞假訊息，這點 Google 責無旁貸，但是 Google 無視這些，任由黑暴歌曲置頂，令人齒冷。

　　立法會非常重視事件，多位議員提出不同建議，層層推進，要給 Google 壓力。新民黨容海恩議員早於 2022 年 11 月 29 日去信資訊科技及廣播事務委員會主席何君堯議員，要求 Google 代表出席會議，交待事件；何君堯主席理應盡快安排。此外，我十分支持我們黨主席葉劉淑儀的主張，要求立法會引用《立法會（權力及特權）條例》Legislative

Council（Powers and Privileges）Ordinance，以傳票形式傳召 Google 代表來立法會，接受調查，向公眾解釋為何不能刪除假國歌、為何不能把中國國歌置頂等等。如果 Google 漠視法律規定，立法會可以發出手令強制出席；若 Google 仍然拒絕來立法會，可以提出刑事檢控，最高刑罰是入獄 12 個月。下一步，特區政府可向法庭申請強制令（Mandamus）和禁制令（Injunction），強制 Google 刪除假國歌，禁制 Google 繼續展示黑暴歌曲等等。若真的推進至此，難道 Google 還能連法庭頒令也不顧？

　　有報導指特區政府將重整國歌網頁、優化搜尋關鍵詞等等，這些當然是必須做的，但是歸根結底，香港沒有法例應對假資訊，特區政府沒權要求平台把假資訊下架，才是問題所在。舉例說，新加坡的 The Foreign Interference（Countermeasures）Act（FICA）《防止外來干預（應對措施）法》已於 2022 年 7 月 7 日生效，新加坡內政部長有法定權力要求社交平台或網絡供應商終止發布有問題的內容、可屏蔽涉事內容、可鎖起涉事賬戶、可移除涉事的流動應用程式等等。相對而言，香港的法例未追得上，因此對互聯網搜尋器平台及網絡供應商束手無策。網絡平台有千萬，國歌國旗國徽、區旗區徽則錯不得，若沒有法例規管及監督，難道特區政府要每次出事才逐個平台去央求人家刪這加那嗎？説來説去，特區政府還是要「提速提效」，儘快立法，以避免類似事件再次發生。

2022 年 12 月 22 日　《悅傳媒》〈棟悉港情〉

國歌只一首，
爲何總播錯？

國歌只一首，為何總播錯？

我相信這是大部分香港人都感到疑惑的問題，更是特區政府大傷腦筋的問題。

2022 年年底，亞洲七人欖球賽和亞洲經典健力錦標賽等國際體育比賽接二連三爆出播放黑暴歌曲當中國國歌的事件，震撼全城。東窗事發後，特區政府做了多重工夫，包括制訂《香港運動員及隊伍參與國際體育賽事期間處理播放國歌和升掛區旗的指引》（《指引》），港隊必須帶備正確的國歌和區旗出賽，又與 Google 交涉，要求刪除黑暴歌並把正確的國歌置頂，警方也進行刑事調查等等。大家仍對這些記憶猶新，想不到事隔才兩三個月，又爆出新的個案，實在匪夷所思。

繼欖球和舉重後，今次出事的是冰球。2023 年 2 月 28 日，港隊在世界冰球錦標賽第三級別比賽的分組賽中大勝伊朗，本來興奮也來不及，大會卻播放黑暴歌曲，雖然港隊成員立即依從《指引》以 T 字手勢示意出錯，但是錯誤已造成，終究叫人遺憾。

大家不健忘的話，會記得在韓國舉行的亞洲七人欖球賽那次，亞洲橄欖球總會承認原來他們並沒有將正確的中國國歌錄音檔交給韓國欖球總會。到今次在波斯尼亞舉行的世界冰球錦標賽出事，這次的調查顯示，香港冰球協會並沒有依從《指引》，在出賽海外前向港協暨奧委會索取有正確國歌檔案的工具包。這是重大的過錯，特區政府必須追查下去，了解究竟是不是有人或有機構刻意不跟《指引》辦事，背後的動機又是甚麼，以及最重要的，有沒有人涉嫌違反《香港國安法》等等。

　　每次出事後，流程都是特區政府譴責事件、表達強烈不滿、要求相關體育總會協會提交報告，海外賽事主辦機構道歉等等。但是相類事件繼續發生，而且都是在體育界，這麼巧合，難道不應該把事件聯繫起來再作深入調查嗎？如果用殺人案來比喻，這系列事件已可列為連續殺人案來處理。

　　另一方面，當然就是 Google 的問題。明眼人都拎得清，只要 Google 一日不刪除假國歌並把真國歌《義勇軍進行曲》置頂，播錯國歌的事件還有機會繼續發生。Google 一直用無法控制演算法來推搪特區政府，無恥又傲慢，反映立法規管網絡供應商、杜絕假資訊的重要性。

　　我之前便有撰文說明過，特區政府對互聯網搜尋器平台及網絡供應商束手無策，因為香港沒有法例賦權，特區政府沒權要求平台把假資訊下架。我們可參考新加坡的做法，

新加坡的 The Foreign Interference（Countermeasures）Act
（FICA）《防止外來干預（應對措施）法案》賦權內政部長可
要求社交平台或網絡供應商終止發布有問題的內容、可鎖起
涉事賬戶、可屏蔽涉事內容、可移除涉事的流動應用程式等
等。我認為香港應像新加坡那樣，盡快立法，加強監管，杜
絕網絡供應商漠視國家安全的問題。

最後，我必須強調，每一位運動員都值得尊敬，他們每
一位都必定付出了無盡的汗水，經年苦練，才有機會為港出
賽，他們在賽場上拼盡全力爭取獎牌，為港爭光，高光時刻
絕不應被播錯國歌這種事情蒙污。

2023 年 3 月 6 日《am730》〈黎 SIR 事務處〉

在新民黨「慶祝香港回歸 25 週年黨員研討會」上發言，
表示認同「一國兩制」沒有任何理由改變，香港正朝着
由治及興的方向發展

主講新民黨「中共二十大精神」青年分享會，指出總書記習近平的「二十大」報告展現雄才偉略，前瞻未來，帶領國家大膽變革，奮進新征程

主講新民黨「傳遞兩會精神」分享會，主張中國開放的大門只會愈來愈大，
香港必須找到自己的定位

宣誓，成為立法會議員

第 二 章

宣誓就職

2022 年 1 月 3 日，第七屆立法會全體議員在行政長官林鄭月娥監誓下，在全港市民見證下，莊嚴而隆重地宣誓就職。

作出「立法會誓言」不單是立法會議員就職的法定條件和必經程序，也是公開向國家人民表明心跡的必不可少的行為。

完善選舉制度下產生的立法會議員都具備同樣的條件，就是都符合「愛國者治港」的原則，都是愛國者。縱使大家對不同社會議題可能會有不一樣的意見或考慮，但我深信大家都會本着以理服人，求大同、存小異的原則，議事論事。

盲講政治立場，只拖後腿，用拉布、點人數、走議事規則灰色地帶，把莊嚴的議事堂變成政治鬥爭之地這些令人憎厭的行徑，已成絕唱。

議事堂內不應再有建制派、非建制派之分。人人都是愛國者，人人都是盡忠職守的立法會議員，人人都嚴格依照《基本法》賦予的職能，是按照議事規則辦事、盡責履職的

代議士。

這一屆的立法工作將會十分繁重，行政長官已公報今年第一季會向立法會提交有關土地發展法例精簡程序的具體建議，希望年內可完成《城市規劃條例》、《收回土地條例》、《前濱及海牀（填海工程）條例》、《環境影響評估條例》和《道路（工程、使用及補償）條例》的條例修訂工作。

行政長官表示另一項重點工作，是繼續履行香港特別行政區的憲制責任，做好維護國家安全的工作，包括展開《基本法》第 23 條的本地立法工作。現時的目標是在本屆政府任期內，即 2022 年 6 月 30 日前展開相關的討論和諮詢工作。

我很有信心，新一屆立法會必定全心全意，努力不懈地工作。新一屆立法會能夠有效協助特區政府提高管治水平，改善民生，推動經濟發展及彌補社會撕裂，擺脫西式民主劣質發展的陷阱，引領香港邁向良政善治。

相信新一屆立法會 90 名愛國愛港的議員，將會以豐富民主形式及提升民主質量為己任，持續探索適合香港自身情況的民主發展道路，向世界展示「一國兩制」的優勢及活力，為中華民族偉大復興及國家統一作出貢獻。

2022 年 1 月 3 日　面書

支持陳家珮議員
《規管外傭中介、保障僱傭權益》
議案

2022 年 1 月 20 日早上，我在立法會大會會議上，發言支持新民黨黨友陳家珮議員提出的《規管外傭中介、保障僱傭權益》議案：

主席，我發言支持陳家珮議員的議案。

超過 34 萬的外傭對大量香港家庭非常重要，但當中衍生的問題及勞資糾紛、五花八門、層出不窮，可以審死官。要正本清源，勞福局應馬上全面檢討外傭政策，並徵詢立法會的意見。

香港並沒有專門法例規管外傭中介，非常落後。實踐證明現行的勞工法例為僱主及外傭帶來極大困擾，徒增社會怨氣。

主席，旅遊業、保險業、地產業等行業從業員都受規管，影響幾十萬家庭的外傭中介卻「無王管」、毋須接受培訓考試，實在令人百思不得其解。

固本清源，勞福局必須馬上全面檢討老舊的規管職業介

紹所的規管法例，規定中介公司、中介從業人員要接受培訓、考核、領牌，要遵守有法律效力的守則。法律亦要訂定合理收費標準，更新罰則。違規者可以被停牌、甚至取消資格、罰款、監禁。

新的法例更要設立一個專門仲裁涉及外傭僱主糾紛的審裁處，以簡易、毋須聘請法律代表的方式，迅速處理案件，了斷糾紛，以減少無了期的等候時間。

此外，勞工處要更新標準合約及釐定清晰勞資責任及義務。單靠印發介紹單張，鼓勵出席簡介會，成效不彰。勞工處要規定新僱主、新到港的外傭必須出席由勞工處舉辦的解說會。

主席，我促請勞福局坐言起行，制訂時間表、路線圖，回應廣大聘用外傭家庭的謙卑訴求。

主席，我謹此陳辭。

2022 年 1 月 20 日於立法會大會就《規管外傭中介、保障僱傭權益》議案發言

要求延長「臨時失業資助」的申請期限

 2022 年 2 月 15 日下午，我出席了立法會財務委員會以視像會議形式舉行的特別會議，討論「防疫抗疫基金第六輪紓困項目及其他相關措施」的撥款申請，而我是會議中最後一位發言的議員。我提出了三點疑問，包括臨時失業資助的申請期限及資格，及旅遊巴司機的資助金額等。

我的發言內容如下：

多謝主席。首先我要說的是，我會投票支持是次撥款申請。我有些意見，希望創新辦考慮。

第一，剛才新民黨陳家珮議員的提問，當局沒有回答問題的重點。（有關向暫時失業 30 天的市民提供一次性財政支援每人 1 萬元）因為 3 月中就停止接受申請的話，那麼 2 月底遭解僱的人士，就沒資格申請了。需知道現在的失業情況是愈來愈嚴重，即往後 3 月、4 月的情況將會比 2 月嚴重得多。因此，即使老闆繼續維持員工的職位直至 2 月底，但 3 月就對不起了，甚麼也沒有。我建議當局延長申請期，但不是延長審批期。一開始接受申請，就要馬上開始審批。

第二點是關於「失業」的定義及資格。現在有很多行業，僱員的底薪是很低的，他們主要是靠佣金的，例如美容業。現在特區政府要他們停業，僱員只得底薪，但是他們的底薪那麼低，你叫他們怎樣生活？是否叫老闆馬上炒走員工，讓他們可以申請那 1 萬元臨時津貼？這在道理上是不通的。

　　第三點，我要替司機說幾句話。剛才很多議員提及的士司機，現在我說的是旅遊巴司機，他們只得 5000 元資助，為甚麼他們只得 5000 元？反而，若他今天被炒了便可得 1 萬元，這些都是不公道的。需知道整體來說，現在特區政府一般的補貼都是 1 萬元，那為甚麼旅遊巴司機，甚至是旅遊業從業員，不能取得 1 萬元這個水平的津貼？

　　我提出以上三點。

　　創新辦總監何珮玲回答：我補充關於那三個星期的申請期，我們實施這個計劃時，會顧及疫情的情況，若有需要，我們不排除會延長申請期。

　　我追加發言：我希望你們現在便決定延長，因為現在已見到疫情的情況就是這樣！

　　創新辦總監何珮玲回答：聽到你的意見，我們會考慮。

　　運房局局長陳帆回答：主席，關於旅遊巴司機的津貼數

目，是旅遊事務署的，我們已聽到黎議員的意見。

商務及經濟發展局局長邱騰華回答：旅遊業方面，大家要看看，在第六輪防疫抗疫基金之前的不足一個月，我們已做了第五次（第五輪防疫抗疫基金），而且我們今次的資助是比上一次多一倍，大家要這樣看。我們知道旅遊業界是受困，給他們資助的次數及金額是多，但是我們聽到黎議員的意見。

我再追加發言：我想提的是，你們給旅遊業的確是給了很多錢，但那錢是給老闆的。現在我爭取的，是員工，是夥計！老闆和夥計始終是有分別的，老闆要出糧，此外還有很多支出，員工則靠那份薪金！

商務及經濟發展局局長邱騰華回答：主席，澄清一點，打從上幾轉，我們已不單只對企業，即旅遊註冊代理商有資助，亦有給旅遊業界從業員，即是導遊、領隊，以至旅遊巴司機，所以，回答黎議員的提問，這幾轉員工也有受惠的。單是今次，我們對旅遊業，不論員工以至企業，都有兩轉的資助，多謝主席。

2022 年 2 月 15 日　於立法會財務委員會發言

《改革招標制度，扶助本地企業》議案發言稿

    主席，特區政府的招標制度，長久以來都存在問題。正如我同事謝偉銓議員今日的議案措辭所提及，其中一個問題的重心就是「價低者得」，更加引申出服務水平下降、外判員工待遇欠佳等問題。過往，政府評審標書所採用的評分制度，技術評分的比重一般只佔 30% 至 40%，但價格方面則高達 60% 至 70%。雖然當局的官方說法一直都是說政府招標時有考慮價格以外的因素，但實情是，根據 2012 年的政府外判服務調查，有高達 48 個回應的政府部門指出，超過 80% 的合約，是批給入標價最低的合資格投標者。這個結果非常直白，無從抵賴，「價低者得」就是香港招標制度的現實。

    當然，特區政府並非毫無作為。經過長年的檢討後，從 2019 年起，特區政府將標書的技術評分比重上調到 50% 至 70%，而價格方面則相應下調至 30% 至 50%。我很想知道，新的評分制度實施了三年後，究竟「價低者得」的情況有沒有改善？當年的政府外判服務調查是由政府效率促進辦公室的前身、效率促進組所進行的，但最後一次已經是 2012 年了。我希望特區政府為我們提供類似的數據，看看標書評分調整以後，「價低者得」的情況是否仍然嚴重。

另外，我十分認同議案措辭所言，「積極扶助本地中小型企業」的方向。現時，很多政府以至公共機構在招標的時候，由各行業的大型企業所壟斷，或欠缺公平公正的競爭。雖然特區政府説已經儘量將大型合約分拆為較小型的合約，以增加中小企業參與的機會，但是大型企業壟斷的情況未見有顯著改善，例如接政府工程標的，來來去去都是那幾間大型工程顧問公司。

　　類似的情況在港鐵也有發生。港鐵沙中線工程失當後，特區政府於 2018 年委託了專家顧問團調查。調查的最終報告指出，阿特金斯顧問有限公司（Atkins）的雙重角色有潛在利益衝突。原來，當時紅磡站擴建有兩處改動，阿特金斯既負責為承建商禮頓擬備改動設計；但與此同時，阿特金斯亦是港鐵的詳細設計顧問，負責就改動可否接受，向港鐵提供意見。即是，設計是你，審批設計的也是你，報告又指出，阿特金斯這兩個負責小組的項目總監，竟然是同一人！這樣的彎彎繞繞，又怎會沒有潛在利益衝突？

　　主席，我舉出港鐵這個例子，並不是要責怪某一間特定公司，而是從制度上分析，不論政府、公營機構抑或港鐵，一旦招標被大型企業壟斷，各種問題也會浮現。因此，我要求特區政府改善招標制度，不要歧視中小企，要確保香港符合《世界貿易組織政府採購協定》的原則，對所有投標者一視同仁，讓企業不論規模大小，都有公開公平參與競投的機會。

2022 年 5 月 12 日　於立法會大會就《改革招標制度，扶助本地企業》議案發言

《積極配合前海方案，加快融入國家發展大局》議案發言稿

主席，內地有一句話叫「築巢引鳳」，很適合形容前海的情況。

早在 2012 年，習近平擔任中共中央總書記後首次離京考察，第一站就是來到深圳前海。根據新聞圖片記錄，當時的前海仍是一個泥灘，一大片平地。後來，前海急速發展，現時不但高樓林立，金融、現代物流、信息、科技等產業的佈局亦已展開。

2021 年 9 月，國家公布《前海方案》，前海合作區總面積由大約 15 平方公里，擴展至 120 平方公里，包括共五個區域。120 平方公里是甚麼概念？據了解，香港所有住宅、商業及工業用地總和亦只有 111 平方公里。換言之，前海合作區有充分的土地作產業發展。配套方面，擴展後的前海合作區連接至少五條地鐵線路，區內生活配套一應俱全，企業進駐前海合作區時，可立即享用區內完善的生活和交通配套，適應時間得以大大縮短。

政策方面，《前海方案》亦有所觸及。例如，前海合作區會研究制訂投資者保護條例，從而打造國際一流的營商環

境；又例如，前海合作區探索不同法系、跨境法律規則的銜接，包括建立前海合作區與港澳區際民商事司法協助和交流的新機制，以提升法律事務對外開放水平。

主席，我開頭已經提過，「築巢引鳳」。從我剛剛描繪的部分，可見「築巢」的部分是做好了。前海合作區無論是基建、政策，都可謂走上軌道。「引鳳」方面，截至 2021 年 8 月，前海合作區累計註冊港資企業 11500 家，註冊資本逾萬億元人民幣。事實擺在眼前，香港企業察覺有發展機會，自然會到前海合作區發展。但是，要真正做好「引鳳」一環，還要把目光放在香港青年身上。

「青年興則國家興，青年強則國家強。」習主席和國家一直非常重視香港青年的成長和發展。為港澳青年在前海合作區學習、工作、居留、生活、創業、就業等方面提供便利，前海合作區更會研究加強在交通、通訊、支付等領域與港澳標準銜接。

由此可見，「築巢」的工作，實在已經盡力了。可惜，部分本地青年到內地發展的意欲不高，他們或者看不到發展的機會，或者對內地存有偏見。我認為，想引導香港青年到前海發展，有些工作，還是得在本地入手。

2021 年 9 月，行政長官表示，為加快推動在前海更高水平的合作和更多具體措施的落實，港深兩地政府已同意成

立高層次的工作專班，而港方的組長是政制及內地事務局局長。究竟工作專班的進度如何，尤其是青年工作的一方面？例如「前海港澳青年招聘計劃」的進展如何？計劃推出至今究竟有多少香港青年經計劃到前海工作？「前海深港青年夢工場」多年來孵化的創業團隊有多少香港青年人參與？有沒有其他計劃吸引更多香港青年到前海發展？

我希望，今日可以聽到當局的答覆。多謝主席。

2022 年 5 月 18 日　於立法會大會就《積極配合前海方案，加快融入國家發展大局》議案發言

《制訂全盤工業藍圖，
推動香港工業發展》
議案發言稿

主席，我對議案表示支持。

我十分認同第六任行政長官當選人李家超先生的政綱所指，要好好利用北部都會區，打造香港未來發展的新引擎。我認為，北部都會區的規劃應包括工業發展，令北部都會區同時成為本港再工業化的引擎。

雖然再工業化的其中一個重點，就是以新技術及智能生產為基礎，減少對用地和勞動力的依賴，但很明顯，土地和人才依然是不可或缺的。

根據香港生產力促進局在 2021 年公布的《香港再工業化研究》，問卷訪問了 184 間企業，結果顯示，主要挑戰為沒有足夠空間建立自動化生產線、卸貨區空間不足、樓底太低等等。由此可見，即使是講究減少對用地要求的再工業化，土地問題依然是老大難。如果跟隨 2021 年行政長官《施政報告》的說法，北部都會區佔地面積達 300 平方公里，只要好好規劃，相信應有足夠空間讓香港的工業發展。

人才方面，據我了解，政府在 2018 年推出了「再工業

化及科技培訓計劃」，以配對形式資助本地企業人員接受科技培訓，計劃尤其注重與工業 4.0 有關的培訓。今日可能要請當局更新一下數字，告訴我們計劃的成效如何，至今共批准了多少公開課程登記申請，提供了多少次高端科技培訓，資助總額數目有多少，以及總共有多少間公司申請計劃，多少公司獲批等等。另外，當局有沒有其他計劃培訓再工業化的人才？

最後，我想提一提環保方面。工業無可避免是碳排放的主要領域之一，但與此同時，「碳達峰、碳中和」是國家的重大戰略決策，「碳達峰」即力爭二氧化碳排放於 2030 年前達到峰值，「碳中和」是指努力爭取 2060 年前實現碳中和，二者合稱「雙碳」。我想提醒一下，當局在推動香港任何工業發展時，重點應放在低碳產業，從而為國家做好「雙碳」工作、體現大國擔當，以至推動構建人類命運共同體上，出一分微力。

主席，實體經濟是經濟的立身之本，雖然香港的四大支柱並不以實體經濟而聞名，但推動再工業化，對香港是百利而無一害的。我支持今日的議案，並認為特區政府應在鞏固我們的優勢產業之餘，壯大香港的實體經濟。

2022 年 5 月 19 日　於立法會大會就《制訂全盤工業藍圖，推動香港工業發展》議案發言

《正視本港虐待兒童問題、保護兒童權益》議案發言稿

　　主席，在保護兒童的問題上，我夠膽説，社會上只有一種立場，分歧只是在於怎樣做好。

　　近年，虐待兒童的個案相繼浮現，更出現童樂居虐兒事件這種多人參與、系統性的罪案，令我不禁想起前幾年的「雙橋」事件：2015年，大埔劍橋護老院虐老事件，以及2016年，康橋之家自閉少年跳樓身亡所揭發的虐待殘疾人士行為。

　　這些事件全部都令社會沸騰，我相信，因為這些個案有一個共通點，牽涉的是精神上沒有行為能力照顧自己的人。故此，無論在安老院、殘疾人士院舍，抑或兒童住宿照顧服務，都應該用一個標準，一個高的標準，去管理及監察肩負照顧缺乏自理能力人士重任的機構。

　　最令我氣憤的是，在「雙橋」事件後，本來是立即檢討的好時機，但因為勞福局的短視，白白錯失了幾年可以及早改革的時間。

為甚麼我這樣說？首先，我們要知道，負責兒童住宿服務單位的註冊及巡查的，是社會福利署轄下的「幼兒中心督導組」，負責兒童住宿服務單位的註冊及巡查。「雙橋」事件前，「幼兒中心督導組」隸屬社署「安老服務科」，從架構上來看，已可看出特區政府是有多不重視監管住宿幼兒園，竟然把與幼兒相關的督導組，編配在安老服務轄下。

「雙橋」事件發生後，特區政府為了補救，勞福局來立法會要求開設編外社署助理署長，統領新成立的「牌照及規管科」，並吸納了「幼兒中心督導組」。可惜，當年檢討社署架構的時候，把督導組調過去後，卻完全沒關注監管住宿幼兒園人手不足的問題。當時，新成立的「牌照及規管科」足有 121 個職位，其中有 39 個是新增的非首長職位，但似乎沒一個是歸入「幼兒中心督導組」的。

2022 年 1 月 31 日，社會福利事務委員會特別會議上，面對我的質詢，社會福利署署長已經親口承認，監管和巡查住宿幼兒園方面，「人力相對單薄」。翻查當天的政府文件，原來，這個「幼兒中心督導組」只有四名視察主任，負責巡查幼兒中心，其中包括不同時段進行突擊巡查。四名視察主任，要負責巡查全港幼兒中心，當然會充滿紕漏。

「幼兒中心督導組」人手不足，並不是今日才開始的問題。明明有過檢討的機會，但無論在 2017 年開設「牌照及規管科」編外助理署長，抑或 2021 年保留這個編外職位的

時機，勞福局都只是着眼於安老院及殘疾人士院舍的監管，頭痛醫頭。到童樂居事故東窗事發，才承認監管幼兒中心的不足，實在是特區政府欠缺遠見的一大例子。

主席，中國先賢早已說明，「老有所終」、「幼有所長」，照顧缺乏自理能力人士，是社會和政府的應有之義。我希望，儘快增加人手巡查住宿幼兒園只是第一步，特區政府亦應該少點形式主義，進一步在制度上改善監管方法。

2022 年 5 月 25 日　於立法會大會就《正視本港虐待兒童問題、保護兒童權益》議案發言

了解公務員的
工作表現評核內容

2022年6月1日下午，我在立法會大會上，就《改革公務員制度，提升政府效能》議案發言，向公眾講解公務員「工作表現評核」的內容，讓大家理解為甚麼會出現公務員升級靠「論資排輩」的情況。

以下為我的發言：

主席，我支持今日的議案。關於公務員升級，雖然官方的說法是，挑選標準是品格、才幹、經驗、資格，除非有較多人員的評分或表現相若，甄選並不注重考慮服務年資。但是實際情況是，很多時都是以年資排隊等升級。

為甚麼會出現這個情況？首先，在政府，公務員的晉升一般不舉行面試，只會開所謂的 paper board，中文我們稱為「按評核報告定奪的晉升選拔委員會」，即是靠對上三年的考勤報告，一班人坐在一起，審視各個公務員的考勤報告，以決定誰人獲得升級。但一般來說，大家的總評級都是「非常有效率」，very effective，並無具體評分，因此就會變成計算服務年資，從而產生「排隊」升級的情況。

要知道怎樣「排隊」升級，先要了解公務員的「工作表現評核」。一份公務員的工作表現評核表，先由受評人的職責範圍說起，然後有十多個工作考評分項評級，每個分項有「A、B、C、D、E」給你剔，再然後有個格仔讓你寫短評。評核的最後有半版紙，讓你寫一般性評語，之後就是最重要的總評級，「優、良、常、可、差、劣」。終於寫完了，除了負責評核的人要簽名，還要把報告交給一位比受評人高兩級的人來加簽，稱之為加簽人。之後怎樣呢？之後整份報告要讓受評人「由頭睇到尾」，問問他本人是否同意（內容），同意便簽名；不同意又如何？可以口頭或書面表達意見，亦可以要求覆檢。最終報告會送交職系主管審閱。

為甚麼那麼多人都是「非常有效率」呢？很簡單，一來，每年要評一次，你旗下有多少人你就要填寫多少份，寫都寫到手軟。二來，寫得差的話，會有「手尾」跟，很多人可能為了免麻煩就不寫那麼差了。坊間甚至流傳一個笑話，如果你很討厭一位下屬，更加要寫好他的評核，讓他早日升職調走。

無論如何，結果就是，除非個別公務員真的是劣績斑斑，否則評核結果就是人人的表現都差不多，沒分別。於是，公務員升級變成今日議案所講那樣，論資排輩。

主席，除了升級，部分公務員按本子辦事，我認為是因為缺乏誘因。想升級？好像我剛才所說，要等排隊；想加人

工，即俗稱「跳 point」？這個幾乎是必然的現象，雖然有公務員的相關規定，講明公務員表現欠佳時，可暫停或延期發放增薪點，但對上五年，平均每年只有十個公務員被暫停發放增薪，少到幾乎等於沒有。至於每年的薪酬調整，這個做或不做都影響不到，只視乎特區政府如何根據機制調整。

我認為，要改革升遷制度，至少可以考慮兩點。第一，用 paper board 做晉升委員會的做法有改善的空間，可以考慮逐步加入面試元素，要見一見考核一下有潛力升級的公務員，看看他的應變能力，改善現時只看考勤報告的做法。

第二，應該改革現時採用的嘉獎計劃，例如「公務員事務局局長嘉許狀計劃」、「公務員優質服務獎勵計劃」，以及「嘉獎信計劃」等等，除了頒發嘉許狀、金針、嘉獎信、購物禮券等外，亦應將上述的嘉獎資料正式納入（工作表現評核）報告內，使有更多誘因，鼓勵公務員走出只按本子辦事的誤區。

2022 年 6 月 1 日　於立法會大會就《改革公務員制度，提升政府效能》議案發言

支持於社工註冊條例
加入危害國家安全的罪行

2022 年 6 月 7 日早上，我在《2022 年社會工作者註冊條例（修訂附表 2）公告》小組委員會會議發言，支持於上述條例附表 2 加入危害國家安全的罪行。

以下為我的發言：

主席，我發言支持今次這個附例的修訂，在附表 2 加入危害國家安全的罪行。

剛才有幾位同事都詢問過特區政府，有關危害國家安全的罪行，特區政府到今天都不能給出詳細的罪行名單。我理解特區政府的立場。而實際上，甚麼是危害國家安全的罪行？香港的法庭先後有幾次審理過這個問題。因為根據《香港國安法》的規定，「香港特別行政區對於危害國家安全的罪行，包括本法」，是這樣寫的，有一套特別的要求，包括一些權力，甚至到保釋條件，都有特別的要求。法庭演繹過、解釋過是甚麼意思。法庭說明，除了《香港國安法》所列出的幾條罪行外，香港現行法律，不論是成文法或者普通法罪行，只要是危害國家安全的，都適用。

因此，我相信如果將來真的有一宗個案，涉及某人申請註冊，而翻查記錄，他曾因為觸犯危害國家安全罪行而被定罪，我要強調是「定罪」，不是被告，亦不是被拘捕，而是「定罪」的時候，審訊過程中，一定會很清楚說明該人被「定罪」的，是違反國家安全的罪行。所以我相信在實際操作層面上，完全不成問題。

　　那麼，為甚麼現在不可以羅列（罪行名單）呢？大家都知道第 23 條立法是仍未進行的，將來第 23 條會怎樣立法呢？我們大家都不知道，特區政府未說。所以在今日這個環境下，沒辦法將一條一項細列出來，這點我是絕對理解的。主席，這是我第一個看法。

　　第二，我想跟進簡慧敏議員剛才所提及，亦都是副局長提過的，關於《註冊條例》第 17 條及第 20 條有沒有問題呢？我認同簡議員所指，（第 17 條及第 20 條）兩者之間有一些不是整體協調的地方。如果我們看看第 17 條的第 4 款，第 17 條 4B 寫明「須拒絕」，「必須」，沒有酌情權。到第 20 條第 4 款，就「可能」，那個「可能」的字眼和「須」這字眼，我覺得是有很大分別的。前者沒有酌情權，後者可做、亦都可不做，要視乎個案的情況。

　　但是，我們提到這個附表裏的第 5 條，加入危害國家安全罪行入面，就會產生兩個問題。如果你中了第 17 條，是首次註冊，就對不起了，一定不可以。但如果你是續牌，

就有機會得。我們可能遇到一個情況：那人第一次登記的時候，甚麼事也沒有，身家清白，到續牌的時候他已被「定罪」。那就產生了不同的界線，產生不同的問題。所以，我真是很希望，政府當局回去仔細研究這點，因為（第17條及第20條）兩者之間是有很緊密的關係。

2022 年 6 月 7 日　於立法會《2022 年社會工作者註冊條例（修訂附表 2）公告》
小組委員會會議發言

二讀（恢復辯論）《2022年僱傭及退休計劃法例（抵銷安排）（修訂）條例草案》發言稿

主席，社會上對取消強積金對沖已討論多年，前任行政長官在 2012 年公布他的政綱時，已提出要逐步降低強積金對沖的比例；而去到他任內的最後一份《施政報告》，他更加直接建議將逐步取消對沖。到 2018 年，現任行政長官亦在其《施政報告》提出取消強積金對沖，並附上優化安排。即是說，取消強積金對沖方案的討論，已經歷時十年。

勞工顧問委員會由上屆政府在 2017 年提出的逐步取消強積金對沖方案開始討論，一直到 2018 年方案及其後的優化，最後勞顧會達成共識，特區政府由原本注資 293 億元，到 2021 年決定加碼到 332 億元，展現今屆政府解決問題的決心，成果算是得來不易。

但我必須指出一點，取消強積金對沖影響僱主的，遠高於對沖本身的金額，補償方案又複雜又官僚，跟從法規的成本極高，中小企沒有數以百計人手，個個「一腳踢」，補貼分兩層，還要分 25 年遞減，請問中小企老闆怎樣做預算？主席，不是人人都如局長有 IQ 160 的，希望未來勞福局在執行對沖方案時人性化一點，不要那麼離地。

我明白，取消強積金對沖是有爭議的，但我們需要去做，原因有兩個。第一，是改善退休保障制度。多年來，有很多打工仔都因為這樣而少了退休保障的金額。這些並不是積金局報告上面冷冰冰的數字，每一分一毫都是從打工仔的強積金拿出來的。取消強積金對沖可以強化香港退保機制中一個重要的支柱，希望基層市民晚年可以過上好一點的生活。

第二，是增加勞工保障。香港跟很多地區不同，並沒有正式的失業保障，只有遣散費。劉遵義教授多年前便已提出，兩者之間功能有部分重疊。沒有失業保障的弊端，這次疫情完全曝露出來。香港作為一個先進的國際城市，要吸引人才，要推動可持續的經濟發展，不可以只是追求舊式的資本主義，只讓市場決定一切，而失業保障，更不應是退保的一部分。締造更公平的社會，保障基層的收入，也是符合習主席提出共同富裕的目標之中，三次分配機制的大原則。

與此同時，我們一定要關注企業因取消強積金對沖而受到的衝擊，尤其是中小企。現時，中小企面對疫情和人才流失的打擊，既然今日說的強積金對沖安排要到 2025 年才落實，我認為，特區政府在通過今日的法案後，應把握時機，加把勁協助中小企，例如為中小企提供挽留人才、吸引人才的政策。

經歷兩屆政府，來到今日，我們終於走到距離通過相關法例一步之遙，可以扭轉打工仔的退休保障被對沖機制蠶食的情況。我支持立法會通過《2022 年僱傭及退休計劃法例（抵銷安排）（修訂）條例草案》。

2022 年 6 月 8 日　於立法會大會就《2022 年僱傭及退休計劃法例（抵銷安排）（修訂）條例草案》恢復二讀辯論發言

《善用「未來基金」及「香港增長組合」，推動產業結構多元化》議案發言稿

主席，「未來基金」作為一個應付未來挑戰的長遠儲蓄計劃，並不能夠隨便拿出來當特區政府平時一般開支。特區政府在設計「未來基金」時採用了兩重關卡。第一是選擇了「土地基金」當時的 2197 億元結餘作為「未來基金」首筆資金。第二是決定將「未來基金」存放在外匯基金投資，至少十年。這樣做，直接令「未來基金」既受土地基金決議及《公共財政條例》所規管，亦受現行有關外匯基金投資管理制度所規範。

在這嚴格規管下，「未來基金」有沒有善用？我認為是有的。首先，在回報方面，雖然今日原議案指外匯基金「作風保守」，但公道一點，即使外匯基金都有細分多個不同的投資組合，投資的對象不同，風險及回報都因而有分別。

的確，如果用整個外匯基金，2009 年至 2019 年十年間的平均年回報率只有 2.9%，但其中的「長期增長組合」，得益於較進取的私募股權及房地產投資，自 2009 年成立至 2020 年，平均年回報率達 12.5%。「未來基金」正正是較大力度投入「長期增長組合」，到 2019 年，「未來基金」已經

有 60% 是投資於「長期增長組合」。

「未來基金」有沒有善用，我認為，是要看應用方面。這兩年香港經濟欠佳，特區政府亦在 2021–2022 年度，首次將「未來基金」的 250 億投資收益回撥去經營帳目，可謂投資初見成效。而更重要的是，今年《財政預算案》已經宣布，特區政府會從「未來基金」累積收益中預留 1000 億元，以加快推動北部都會區的發展。北部都會區是協助擴闊香港經濟架構和發展機遇的一項大計，是名副其實對香港未來的投資。

另一方面，今次原議案建議特區政府「在投資運作方面扮演更積極、主動的角色」，「設立特區政府參與的創投機構，直接參與投資」。我對這個建議有所保留，有兩個原因。第一，特區政府接納專家小組建議，從「未來基金」撥出 10%，成立「香港增長組合」的時候，專家小組已明言，高層官員應避免參與任何審議投資項目的工作或「香港增長組合」的個別投資決定，以避免出現任何潛在、實際或在觀感上可能存在的利益衝突。如果特區政府直接參與投資，難免會跟這個原則相違背。

第二，更重要的是，特區政府要找這類投資人才並不容易。由官員去做，倒不如現行做法，任命私募股權投資機構為合夥人，透過其專業能力和豐富經驗，建構多元化投資組合，真正能夠找到「與香港有關連」的優質項目去投資。

主席，最後我想再提一提，2000 億左右的「未來基金」，選擇放大部分錢在外匯基金，其中一個重要的原因，是可以增強外匯基金的財政資源。《基本法》第 109 條寫明，「香港特別行政區政府提供適當的經濟和法律環境，以保持香港的國際金融中心地位」，而外匯基金正正是我們對抗金融危機的保護網，維持我們國際金融中心地位的秘密武器。我認為，我們不應該貿然減少外匯基金的金額，避免削弱我們應付危機的能力。

2022 年 6 月 9 日　於立法會大會就《善用「未來基金」及「香港增長組合」，推動產業結構多元化》議案發言

《活化強制性公積金》議案發言稿

　　主席，首先多謝何君堯議員今日提出這個《活化強制性公積金》議案。心水清的市民會覺得這個議案熟口熟面，沒錯，何議員在 2019 年 2 月已提出過《活化強制性公積金》議案。兩次議案的內容幾乎一模一樣，都是想開放強積金讓市民購買醫療保險，只是今次更新了強積金相關數據。上次原議案及所有修正案都不獲通過。

　　提到強積金，繞不開先要說說其問題，我很多同事都已經或將會提及，除了本會上星期通過的對沖問題，餘下的，總結就是兩個問題：一、表現差；二、收費貴。我想就此表達我的立場。

　　今日這個議案的時機相當微妙，正如原議案內容所提及，強積金對上一年，即是 2021 年 4 月至 2022 年 3 月，表現差勁，更有評論指強積金在該年度，淨投資回報為負 977 億元，創下強積金成立以來一年內蝕錢最多的紀錄。

　　但我認為要公道一些。首先，比較持平的角度，是看看回報率，去年的回報率是負 8.6%，是強積金成立以來，回報

率第四差的一年。第二，更重要的是，過往一年環球投資市場都表現疲弱，強積金這一年表現差，無可奈何。其實，強積金自 2000 年成立，至 2022 年 3 月底，平均每年回報率都有 3.6%，都算比起通脹的 1.8% 高一截，勉強有所交代。

當然，我們希望強積金做好一些。收費貴，已經說了很多年。強積金收費主要包括投資管理費用、行政費用，以及其他雜項費用。自從數年前強積金制度引入「預設投資」後，市民已經能夠選擇投資管理費用較低的核心基金。但行政費方面，即使在今年 3 月特區政府交給本會的文件中，當局都依然承認「強積金制度行政成本高昂」。

在這個背景下，號稱可以十年間減省行政費減少超過一半、討論多年的「積金易」平台姍姍來遲，預計在 2023 年可以開始運作，總算是遲到好過行到。回顧歷史，強積金的收費，由 2007 年時的 2.1%，持續下跌，到 2021 年時是 1.42%。我做了粗略估算，如果根據特區政府所說，假設行政費真是可以減一半，那麼強積金的整體收費將會在 2033 年跌至約 1.1%。這好像很理想，但現實上能否做到？希望屆時特區政府不會又一次計錯數。

回到今日原議案的建議，想推動開放強積金讓市民購買醫療保險，其他地方亦有類似的做法。但這樣做至少有兩大問題，第一，從制度設計方面，強積金是專為退休而設的長期儲蓄計劃，是香港退休保障制度的一環，貿然改變用途，

市民退休少了一筆錢可取,會影響整個退休保障制度,並不適合。

　　第二,香港強積金供款的比率遠低於其他地方,例如新加坡是可以用中央公積金購買醫療保險,但是他們僱員 55 歲前供款 20%,僱主都供 17%,合共 37%,香港只 10% 不能相提並論。但若希望加大供款比例,看看上星期通過的取消對沖,由開始討論到正式立法花了十年,恐怕實在不容易凝聚社會共識。

　　主席,我謹此陳辭。

2022 年 6 月 16 日　於立法會大會就《活化強制性公積金》議案發言

《強化及鞏固香港國際金融中心地位，提升香港競爭力》議案發言稿

　　主席，保持香港的國際金融中心地位，是寫入《基本法》的條文，是國家交託給我們的任務，是我們要長期面對的挑戰，絕不容易。

　　今日看來，目前香港面對的最大挑戰莫過於人才流失。這一兩年來，不斷傳出香港人移民、賣樓、辭職、退學、永久提取強積金數字屢創新高，甚至金管局就多名高級銀行家陸續離港約見銀行界高層等負面消息。行政長官亦在今年 3 月尾見記者時說，「香港有人才流失」，是「不爭的事實」。

　　雖然今日官員回應時，很可能又會引述他們很喜歡提及的「一般就業政策」及「輸入內地人才計劃」，怎樣在 2020 年因疫情而錄得下跌後，隨即在 2021 年止跌回升，從而證明，香港對專才仍具相當吸引力。但是，吸引了人才來港後，能否留住他們？

　　以下我引述立法會秘書處資料研究組在 2020 年做的研究簡報，其中三項資料：

　　第一，根據入境事務處的數字，估算只有 12%「輸入內

地人才計劃」來港的人才，居港滿七年且最終成為香港永久性居民。

第二，2010 年至 2019 年的十年間，來自美國、英國、澳洲及加拿大等地的外籍人士居港數目，由 72784 人，跌至 50394 人。

第三，2019 年入境事務處向內地學生發出的來港就讀簽證數目，較 2015 年增加了 65%。但同期間，根據「非本地畢業生留港／回港就業安排」留港的內地生人數僅微升 2%，反映愈來愈多內地學生畢業後選擇離港。

我明白，香港向來是開放程度十分高的經濟體，人才來去是自然的事，我並非要求來港工作的人才都要長期留港發展。但當來港的外國及內地專才離開的比率都比較高，是否反映他們來港工作後，覺得香港名大於實，而區內有更適合發展的地方？當局實在應該查找不足，看看如何改善。

短期來說，可以減少人才離港的方法必定是儘快通關。因為很多外國、內地的專才都有回鄉探親或度假的硬性需要，但當回港後又要再隔離，航班又隨時熔斷，返回家鄉後大抵很難有動機再來港工作，乾脆改去第二個地方發展。

上星期，葉劉淑儀議員在本會的行政長官答問會中，向行政長官提問了有關內地通關的問題。很可惜，行政長官只是回應說，如果用去年年底討論的通關基礎，相信在短期內

看不到通關可能性。

值得慶幸的是，候任行政長官李家超先生出任政務司司長時，多次代表特區政府與內地官員商討通關安排，相信他既了解香港市民對通關的渴望，亦對通關要求瞭如指掌，有助加快香港與內地通關。

最後，我簡單回應一下原議案有關「研究訂立更具競爭力的稅制」的建議。去年 6 月，七大工業國集團（G7）財長會議達成歷史性協議，將全球最低企業稅率定為至少 15%。其後經濟合作與發展組織（OECD）和二十國集團（G20）都跟進隨了這個建議。雖然香港現時對法團和獨資或合夥業務分別收 16.5% 及 15% 稅，應該不會太受影響。但在這樣的背景下，香港還有沒有條件靠改稅制吸引人才、企業及資金落戶？我對此有所保留。多謝主席。

2022 年 6 月 16 日　於立法會大會就《強化及鞏固香港國際金融中心地位，提升香港競爭力》議案發言

立法會有審議附屬法例的
憲制權力

2022 年 6 月 6 日的立法會「與預防及控制疾病相關的附屬法例小組委員會」會議，包括我在內有多名議員向特區政府表達不滿，因為特區政府企圖繞過立法會，以刊登憲報「公告」形式取代附屬立法程序直接修改限聚令人數，從而避過目前附屬法例須提交立法會審議的「先訂立，後審議」程序，效果是立法會在修訂規管限聚令人數不再有審議的權力。事件引起傳媒廣泛報導，不過市民未必明白甚麼是「附屬法例」、「先訂立，後審議」，就讓我在這裏解釋一下。

「條例」與「附屬法例」

首先，《基本法》第 73（1）條規定，立法會行使的職權是「根據本法規定並依照法定程序制訂、修改和廢除法律」，而附屬法例是本地法律的一種，這是非常清楚的。

立法機關訂立的法律稱為條例（Ordinance），而為了令條例更有效地實施，又會訂立附屬法例（Subsidiary Legislation），通常由行政長官會同行政會議在主體條例授權下制訂。香港的法律制度容許行政機關「先訂立」附屬法

例，但是立法機關仍然保持其「後審議」權力。《香港法例》第 1 章第 34（1）條規定，「所有附屬法例在憲報刊登後均須於隨後的一次立法會會議席上提交該會省覽」；第 35（b）條更規定，「立法會可藉決議，或該其他主管當局可藉命令，將該附屬法例全部或部分修訂」。

「先訂立，後審議」與「先審議、後訂立」

附屬法例可以兩種形式生效。

附屬法例一般是行政機關「先訂立」生效，然後提交立法機關「後審議」。經過一段法定日子後，如果立法機關不修改，制訂這條附屬法例的法律程序便完成了。走這個程序的重點是：附屬法例「訂立了」便「馬上生效」，並不需要等待立法機關通過之後才「生效」。

「先訂立，後審議」的英文是 Negative Vetting，重點是 Vetting「審議」，相反的程序便是 Positive Vetting，即「先審議、後訂立」，即是附屬法例在刊憲後不會馬上生效，要提交立法會審議及通過後才可以，重點仍是 Vetting「審議」，皆因審議本地立法是《基本法》授權立法會行使的第一項權力，除非有很充分的理由，立法會不應「放棄」。

特區政府繞過立法會　暗渡陳倉要不得

今次引起立法會議員反對的，是《2022年預防及控制疾病（禁止聚集）（修訂）（第2號）規例》（第49號法律公告）及《2022年預防及控制疾病（佩戴口罩）（修訂）（第3號）規例》（第50號法律公告）。

前者即《2022年預防及控制疾病（禁止聚集）（修訂）（第2號）規例》第4條列出「……任何根據第2款刊登的公告，均不是附屬法例」，而特區政府向立法會提交的《立法會參考資料摘要》則在《法例修訂》的部分，指出「我們已修訂第599G章以賦權食衞局局長藉憲報刊登的公告指明該人數上限數目」。

特區政府就是透過上述修訂中「……刊登的公告，均不是附屬法例」這寥寥數字，輕描淡寫，修改程序，以「公告」取代「附屬法例」，使規例指定範圍內的進一步修改毋需再經立法會「後審議」。時任食衞局副局長徐德義到立法會相關小組委員會解釋的理由是疫情轉變快，改用直接「公告」好處多，例如不經立法會和行政會議審議可節省草擬和修改法例的前期準備工作等等。但無論從哪個角度看，這理據完全不充分，似是「多快好省」的借口多一點。

先例一開　後果嚴重

　　事實上，目前「先訂立，後審議」的做法不會延誤附屬法例的生效日期時間，而以「先訂立，後審議」來修訂防疫措施（《香港法例》第 599 章）的做法，過去已有八次，現實操作上並沒問題。特區政府現在突然偷改程序，顯然對立法會極不尊重。

　　2021 年 12 月 20 日國務院新聞辦公室發表的《「一國兩制」下香港民主發展》白皮書重申了「香港特別行政區實行以行政長官為核心的行政主導體制，行政機關和立法機關既互相制衡又互相配合」。若特區政府認為有需要改變這條規例的審議機制或程序，必須開誠布公、大大方方與立法會討論，若理據充分，議員信服，自然可以依法修改。但是今次特區政府「暗渡陳倉」，看來有忽略立法會履行審議法例的憲制權力之嫌，先例一開，日後手尾可以很長。

2022 年 6 月 9 日　《悅傳媒》〈棟悉港情〉

修訂附屬法例的
擬議決議案合併辯論發言

　　主席，我發言支持決議案。前天，特區政府從善如流，改變決定，接納議員要求修訂已刊憲生效規例的有爭議部分，我表示十分欣慰。

　　《香港法例》第 599 章《預防及控制疾病條例》第 8 條賦權行政長官會同行政會議制訂附屬規例，控制疾病傳入和蔓延。這項授權受《香港法例》第 1 章《釋義及通則條例》第 34 條規管，必須走「先訂立，後審議」的程序。今次特區政府以疫情迅速變化、行政便利等理由，制訂第 49 號和第 50 號法律公告，宣布若干條文「不屬附屬法例」，有忽視《基本法》第 73 條第 1 款和《釋義及通則條例》第 34 條賦予本會的立法審查權之嫌。

　　就此議題，簡慧敏議員提醒我要細讀一份重要報告。2011 年，特區政府就立法會是否有權廢除《2010 年郊野公園（指定）（綜合）（修訂）令》有不同意見。內會因此成立了一個小組委員會研究修訂附屬法例的權力。報告指出，憑藉任何條例訂立並具有「立法效力」的規例或其他文書，都屬於附屬法例，受第 1 章第 34 條「先訂立，後審議」的條

文所規管。至於如何判定「是否有立法效力」，考慮的因素包括條文是否有法律約束力、是否規管大眾或只針對個人等。報告第 4.18 段指出，由 1999 年 10 月起，若特區政府認為某規例、公告是否屬於附屬法例而有爭議時，會在提出制訂主體條例時訂明。報告第 5.3（c）段建議，特區政府應該在向立法會提交修訂附屬法例的文件中，清楚說明立法會是否有修改或廢除該條文的權力，使雙方可以適時公開透明地討論。

主席，這兩份法律公告本來都有「不是附屬法例」的條文。我認同審議公告的小組委員會修訂有關條文的理據。特區政府在新冠疫情期間已先後八次修訂條文，從沒表示過有任何困難，更改限聚令的人數是要規管所有身在香港的人。

因此，從任何一個角度看，都不屬於簡單的行政安排，其影響大兼具法律效力，違例者更會被罰款。因此，我認為特區政府在行使第 8 條制訂附屬規例的權力時，以「非附屬法例、疫情急變或行政便利」等理由轉授其他公職人員制訂具法律效力的條文，並不恰當。

主席，我謹此陳辭。

2022 年 6 月 16 日　於立法會大會就修訂附屬法例的擬議決議案合併辯論發言
（《2022 年預防及控制疾病（禁止聚集）（修訂）（第 2 號）規例》
及《2022 年預防及控制疾病（佩戴口罩）（修訂）（第 3 號）規例》）

立法會審議附屬法例的權力，
始終不變

作為立法會議員，我有責任在《基本法》賦予的權力下，履行憲制責任，維護香港立法機關在《基本法》賦予的權力與責任，守門口，以下是其中一個例子。

在經歷了長達三年的疫情，特區政府終於 2023 年 3 月 1 日宣布「口罩令」結束，意味社會全面復常。回顧過去三年，特區政府以至立法會均做了大量工作，特別是在疫情嚴峻的時候，抗疫工作爭分奪秒，但這不代表特區政府可以偷步或避過立法會的監察。

例如 2022 年 5 月，特區政府試圖以刊登憲報「公告」的方式直接修改限聚令人數，以避開提交立法會審議的「先訂立，後審議」程序，此舉有削弱《基本法》賦予立法會的權力之嫌，當時便引起我及多位議員的不滿。

《基本法》第 73 條規定，立法會是香港的立法機關，負責制訂、審議和修改法律。據此，有全權審議附屬法例的權力。附屬法例是指政府部門根據主體法律的授權，制訂的實施細則或規定。這些細則通常包括具體的實施細節和程序，

例如行政程序、稅務規定、防疫規定等等。由於附屬法例對於公眾生活和經濟活動有重要影響，因此，立法會有全權審議附屬法例的權利是非常必要的。

　　現時，立法會有兩種審議附屬法例的程序：「先審議，後訂立」和「先訂立，後審議」。前者是指特區政府在制訂附屬法例之前，先向立法會提交相關文件進行審議和討論；而後者則可讓特區政府先制訂附屬法例並馬上實施，再向立法會補交相關條文進行審議。「先訂立，後審議」可讓特區政府訂立附屬法例，不會因為立法會審議時間需時而拖慢實施進度。

　　回說 2022 年 5 月，當時特區政府提交有關與限聚令相關附屬法例文件時，竟在一疊厚重的文件中加了一句「修訂第 599G 章以賦權食衞局局長藉憲報刊登的公告指明該人數上限數目」。這句句子字數雖然不多，融於厚重的文件中，實在難以引起注意，但當我仔細翻閱文件時，竟讓我留意到這句句子。從字面理解，這句話只是讓食衞局局長可直接決定限聚令人數而已，看似沒甚麼問題。但事實上，這等同讓特區政府避過立法會的監察，避過立法會的審議和討論，可直接修改限聚令的人數，茲事體大。若此條文得以通過，日後食衞局局長只要刊登憲報修改限聚令人數便即時有完全的法律效力，而不再需要提交立法會討論，我認為是不尊重立法機關的權力與原則。

　　特區政府根據「先訂立，後審議」原則修改附屬法例，

本身並不會拖延法例的實施。但是面對疫情，可能特區政府認為相關程序仍然太慢，心急起來便想連「先訂立，後審議」也躲開。根據既定程序，特區政府修訂附屬法例需先向行政會議提交文件，行政會議通過後再交立法會審議，這做法一直行之有效。行政會議的開會次數為每星期一次，若特區政府的原意是希望加快應對疫情，及時制訂相關措施，理應先要求行會加開特別會議，加快行會的審批速度，而不是以躲開立法會的程序來「提速」。

另外，特區政府在提交相關修訂時，也應將有修訂的地方「光明正大」地放在「枱面上」討論，而不是鬼鬼祟祟地在一大疊厚重文件中加入短短一句，讓人覺得特區政府試圖蒙混過關，不夠光明磊落，也漠視了立法會的憲制權力。

當時，我和幾位立法會議員同事多番討論，認為若這次特區政府真的偷步成功，將會對立法會今後的法例審議權力與原則有重大負面影響。因此在 6 月 15 日，審議附屬法例小組委員會與政府開會討論，並要求特區政府解釋和撤銷相關修訂。特區政府最終從善如流，決定還原基本步，提出「修正」方案，維持繼續以立法會「先訂立，後審議」的原則來審議限聚令的附屬條例，即一切不變。換句話說，我們保住了立法會的權力和責任，也沒讓特區政府「出錯」，皆大歡喜。

2023 年 6 月

《對接深圳，規劃共建深港口岸經濟帶》議案發言稿

主席，感謝嚴剛議員提出這個《對接深圳，規劃共建深港口岸經濟帶》議案。立法會對上兩星期延期，令這個議案順延至今日，成為新一屆特區政府上任之後，立法會首個議員議案，實在是非常適合。

對於我們來說，深港口岸經濟帶是一個很有警世意味的議題。1980 年，深圳經濟特區成立，羅湖仍然在起步階段，福田更加未開始發展。42 年過去，來到今日，我們的新界北幾乎毫無寸進，但羅湖、福田的步伐一日千里，已經變得非常繁榮。一河之隔，深港兩地口岸經濟帶之間的發展差異，充分反映特區政府過去在個別範疇欠缺魄力，香港發展落於人後，漸漸失去原有的動力。

習近平主席上星期在香港發表的重要講話，亦有提及這個問題。習主席提到對香港的「四個希望」，其中之一正正是希望香港「不斷增強發展動能」。相信新一屆特區政府已經清楚收到習主席的訊息，人人摩拳擦掌，準備大展拳腳，「充分釋放香港社會蘊藏的巨大創造力和發展活力」。

回到深港口岸經濟帶，其實多年來，大家並非看不到新界北的發展潛力。特區政府早於 1998 年開展《新界東北規劃及發展研究》，已經選定古洞北、粉嶺北及坪輋/打鼓嶺為新發展區，但其後因為種種原因，擱置了這個發展計劃。

我感謝前任行政長官林鄭月娥女士，她在 2021 年公布《北部都會區發展策略》，不但重新拾起北部發展的計劃，更加考慮了國家《十四五規劃綱要》的要旨，打算打造一個以創科為經濟引擎、宜居宜業的都會區。北部都會區的面積達 300 平方公里，其中包括今日議案所討論的深港口岸經濟帶。我亦很高興見到，現任行政長官李家超先生亦在其競選政綱中指明，開發北部都會區是他的六大核心政策之一，反映特區政府政策有延續性，不會浪費之前政府同事為北部都會區所作的準備工夫。

我亦留意到，前運房局局長在今年早前出席立法會會議時，曾經提過深港兩地成立了專班，跟進北部都會區所建議的三條鐵路項目，希望當局今日回應時，會提供更多新的消息，例如有沒有計劃成立更多專班，與深圳方面對接，更容易做到兩地優勢互補、合作共贏。

主席，正如習主席在其講話提到，香港得天獨厚的優勢就是「背靠祖國、聯通世界」。北部都會區的發展，包括深港口岸經濟帶的發展，可以加強我們「背靠祖國」的強大優勢，令香港不但可以享受到融合國家發展的紅利，更加是讓

我們有機會，在實現中華民族偉大復興的過程中，為國家作出貢獻。

　　我支持今日的議案，並熱切期待本屆政府在北部都會區這個重大議題上，盡快交出成績。

2022 年 7 月 7 日　於立法會大會就《對接深圳，規劃共建深港口岸經濟帶》議案發言

根據《議事規則》第16（2）條動議的休會待續議案：落實國家主席習近平發表「七一」講話，開啟良政善治新篇章

主席，習近平主席早前的「七一」講話，與往年國家領導人的講話有些分別，最大分別就是「不用猜來猜去」！今次習主席講話內容可謂已經「畫公仔畫出腸」，將重要訊息都說得極為清楚。儘管如此，聽了習主席講話後，我做了一些分析及資料搜集，發現習主席很多講法，根源可以追溯至1990年4月4日第七屆全國人民代表大會第三次會議通過、自1997年7月1日起生效的《基本法》。

例如，習主席在今次講話所提的首兩個「必須」，包括必須全面準確貫徹「一國兩制」方針，以及必須堅持中央全面管治權和保障特別行政區高度自治權相統一，其實都是中央長期對港方針政策，是《基本法》這份那麼重要的憲制性法律，放在最頭的第1條，已經道出了精髓。《基本法》第1條，「香港特別行政區是中華人民共和國不可分離的部分」，只要回想2019年黑暴時期發生的種種事情，大家便會明白，這句短短的條文，是那麼重要的基本原則。

此外，有人會疑惑，是不是以前沒有全面管治權，現在新增的？答案是沒改過！其實這個說法，也是可以和《基本

法》互相印證。例如《基本法》第 12 條寫明，香港特別行政區「直轄於中央人民政府」，如果沒有全面管治權，又怎會用「直轄於」這個寫法？再舉個例子，《基本法》第 15 條，中央人民政府依照《基本法》「任命香港特別行政區行政長官和行政機關的主要官員」，香港的權力核心全數由中央任命，既然是這樣，又怎會沒有全面管治權呢？

除此以外，近年，部分港人對於「一國兩制」50 年不變有疑惑甚至憂慮，對「2047」這個年份格外敏感，擔心再過 25 年後香港會有不可測的未來，更有外國勢力借此大造文章，蠱惑人心。習主席在講話中清楚回應，「一國兩制」在未來日子沒有任何改變的理由，「必須長期堅持」，可以說是大派定心丸，不但香港人不用擔心，外國投資者及在港做生意的人士也可以放心留港發展。《基本法》第 5 條亦有列明，香港「不實行社會主義制度和政策，保持原有的資本主義制度和生活方式，50 年不變」。仔細參詳這一條，並沒說「只得」50 年不變。我相信，只要我們繼續在《基本法》框架下處理香港事務，2047 年，只會是很平常的一年，是香港繼續實行「一國兩制」的其中一年。

除了以上幾點，在如何落實習主席講話內容方面，我認為有些部分，我們已經走在正確的道路上。例如習主席提醒我們，行政立法要「互相制衡又互相配合」。相信大家都留意到，新一屆立法會在審議法例方面，工作效率非常高；但與此同時，在個別議題例如「限聚令改人數是否附屬法例」、

「檢疫令是否等同病假」等，我們亦堅守立場，促使特區政府讓步。

　　主席，今屆立法會開局良好，我期待和新一屆政府合作，做到習主席所說的「展現良政善治新氣象」。

.

2022 年 7 月 7 日　立法會根據《議事規則》第 16(2)條動議的休會待續議案發言稿：
落實國家主席習近平發表「七一」講話，開啟良政善治新篇章

《學習「二十大」精神，推動香港發展》議案發言稿

主席，感謝林順潮議員今日提出的議案。

「二十大」精神的確很值得我們學習。在「二十大」報告中，總書記習近平總結了國家和共產黨過去十年的輝煌成就，包括打贏了人類歷史上規模最大的脫貧攻堅戰、全面推進中國特色大國外交、推動構建人類命運共同體，以及全面準確推進「一國兩制」實踐、推動香港進入由亂到治、走向由治及興新階段等等，解決了一系列長期積累及新出現的突出矛盾和問題。

與此同時，習總書記在報告中，亦很坦白地承認未來仍要面對很多挑戰，例如對外要應對世界百年未有的大變局的加速演進、逆全球化思潮抬頭、日漸頻繁的世界局部衝突和動盪，以及個別西方國家可能隨時升級對我們的打壓遏制；對內要提升科技自立自強能力，確保糧食、能源、產業鏈供應鏈可靠安全，以及防範各種各樣的金融風險等等。

從中，我們可以看到，國家和黨不會因為輝煌成就而自滿，反而是殫精竭慮，繼續找出需要改善的地方。香港亦都

要有同樣的精神。雖然，香港過往憑藉作為連接內地和世界重要橋樑的獨特優勢，自身發展迅速，同時亦對國家改革開放作出不少貢獻，連習主席亦在早幾個月前來香港講話時都對此充分肯定。但是，即使現時香港已經走向由治及興的新階段，我們依然面臨不少挑戰，例如香港小政府格局的局限、過往遲遲沒做好經濟轉型而帶來的陣痛、怎樣做好對接《十四五規劃綱要》等等。

要應對這些挑戰，我認為「二十大」報告已經為我們點出一條明路，答案就是「增強憂患意識，堅持底線思維，做到居安思危、未雨綢繆，準備經受風高浪急甚至驚濤駭浪的重大考驗」。只要秉持這個心態，我相信香港就能夠立於不敗之地。

「二十大」報告另一點值得香港學習的精神，是「科教興國」。「二十大」報告有一部分內容以「科教興國」為題，強調「教育、科技、人才」三者的重要性。香港定必要緊隨國家步伐，做好人才教育，從而提升高新科技產業的層次，甚至爭取機會參與加入國家「具有戰略性全局性前瞻性的重大科技項目」，例如航天載荷專家選拔就是好開始。

最後，我想引用習近平在「二十大」再次當選總書記後說的兩句話作結。他說「人民永遠是我們最堅實的依託、最強大的底氣」，以及「我們要始終與人民風雨同舟、與人民心心相印」。這點亦是我過往多年擔任政府官員以至立法會

議員的信條。過去這一年，我盡力在立法會內外發聲，亦始終以維護廣大人民根本利益為己任。我期望，香港的治港愛國力量，都會繼續牢記習總書記所說，人民的重要性，一同為實現人民對美好生活的嚮往而努力。

主席，我謹此陳辭。

2022 年 11 月 9 日　於立法會大會就《學習「二十大」精神，推動香港發展》議案發言

促進綠色運輸發展，
可向內地取經

昨天（1月12日）是2023年第一次立法會大會，議員們都積極投入，我亦把握機會，就《促進綠色運輸發展》議案發言。我認為，香港要長遠發展綠色運輸的話，可向內地取經，深圳、西安等已推出相關措施，值得借鏡。

以下為我的發言內容：

主席，促進綠色運輸發展這個大方向，是世界潮流，亦是國家「碳中和」戰略其中一個目標。我讀了原議案以及修正案的建議，認為絕大部分都是合理的建議，值得特區政府考慮去做，又或者是特區政府已經進行當中。

對於今日的議案，我有兩個看法。第一是錢。促進綠色運輸發展，需要投放很多錢，例如特區政府有一個新能源運輸基金，資助運輸界別試驗及應用綠色創新運輸技術，其中包括各種新能源商用車及船隻。這個基金的每宗申請上限最多有1000萬元，加加埋埋便更多，當局準備了至少11億元給這個基金。大家要謹記，這些項目大部分只屬試驗項目，即是未必會成功的。

我舉這個例子是想説明，發展任何綠色技術，其中包括綠色運輸相關技術，很多時要在技術未完善的時候，已經要投放真金白銀，才有機會找到哪種技術是最好最適合的。我當然明白，以香港現在的經濟狀況，當然要精打細算，看看如何以最少的錢辦最多的事，而發展綠色技術，從本質來説就是燒錢辦大事，這點是難以改變的。

除了錢，我的另一個看法是：向內地取經。以深圳為例，我們的鄰居不單止在 2021 年年尾開設了首條氫能巴士線路，更在去年（2022 年）年尾，在鹽田開設了首個氫能產業園，打造集研發、生產、示範作用為一體的大灣區氫能產業基地。氫能是目前全球比較看好的零碳技術，有機會成為重要零碳能源之一。我知道，環境及生態局早前成立了跨部門工作小組，專門研究怎樣在 2023 年（即是今年）分階段開展氫燃料電池雙層巴士及重型車輛的試驗。既然深圳的氫能發展走得前，不知道我們的跨部門工作小組有沒有向他們取經？

除了深圳，亦有其他地方的綠色運輸發展值得參考，例如西安。香港有大目標，2050 年前要做到車輛零排放，配合我們 2050 年前「碳中和」的目標。西安多走一步，在國家的「雙碳」目標指引下，他們花了兩年時間，找了不少專家幫忙，不久前剛剛發布了首份《西安市綠色出行指數年度報告》，並打算長期持續跟蹤城市綠色出行發展水準。這份報告評估的內容，包括城市新能源交通的投入程度、市民在市

內出行方式的結構，以至到城市怎樣佈局可以令居民減少出行次數及距離等等。

我認為，西安這份報告值得香港學習。要做到香港車輛零排放的目標，第一個反應很自然是思考採用哪些新技術。但其實，做好的城市規劃，讓更多居民原區工作、不用乘車去買餸等等，都會有助減少運輸帶來的碳排放，和發展綠色運輸技術相輔相成。另外，西安建構了一個有系統、鉅細無遺的評估方式，看來不單止能夠確切評估各項政策的實施效果，亦對推動整個城市綠色出行時的跨部門協作有幫助，做法值得我們參考。

主席，我謹此陳辭。

2023 年 1 月 12 日　於立法會大會就《促進綠色運輸發展》議案發言

政府開位知多啲

特區政府是個龐大的編制，不過，各個政府部門經常呼嚷欠人手欠職位，要來立法會申請開設職位，因為特區政府要開設首長級常額或編外職位，是需要得到立法會人事編制小組委員會及財務委員會通過和批准的。

那是不是政府部門來要求開位，人事編制小組委員會就必須通過呢？那當然不是。立法會議員必須為特區政府嚴格把關，因為開位涉及特區政府的財政負擔及工作方向。

財政負擔方面，開設一個首長級薪級第一點的職位，一年的開支總額，包括薪金及員工附帶福利開支等等，至少接近 300 萬。此外，還得計及因為開設了這個新首長級職位而要附帶開設的下屬職位及開支，例如秘書服務等等。換句話說，每開設一個新的首長級職位，都會增加特區政府的開支。工作方向方面，則是指該職位涉及甚麼工作內容？是新增的範疇還是本有的工作？為甚麼必須開設新職位？能否透過內部編制調整及分工來消化工作？這些都是議員關心的，也是特區政府必須向立法會清楚交待的。

過去一年，我是人事編制委員會的委員，期間特區政府

多次來申請開位，很多官員盡心盡力向議員解說，值得一讚。同時，我有以下觀察，值得和大家分享。

第一，開位數目偏多。我粗略點算，2022 年度，特區政府來人事編制小組委員會申請開設的首長級公務員職位有 32 個。開設新職位之多，會讓市民錯覺特區政府過度膨漲。

第二，開設的編外職位年期很長，並且有習慣性延續的趨勢。以往，特區政府要求開設的編外職位的期限大多是兩至三年，但是近年則延長至四至五年。此外，編外職位有「永續」的趨勢，就好像電影《無間道》裏的「三年又三年」。這做法讓市民覺得部門工作欠缺長遠規劃，錯估編外職位完成項目的所需時間；亦不禁令人懷疑，部門是不是想透過「永續」編外職位來規避申請常額職位。

第三，編外職位回頭路。最近人事編制小組委員會處理過這樣的申請——某局的編外職位到期，局方並沒有申請延續，而是讓局內其他官員分擔了工作，一段時間後，該局才走回頭路，向人事編制小組委員會申請重開該編外職位。

這些觀察，並非無的放矢。作為人事編制小組委員會的一員，我定必努力把關，讓職位開得其所，公帑用得其所；而部門要求開位必須想清想楚，文件要清晰，官員解說要詳盡，說到底，開設這些職位有沒有提升特區政府的體整表現，是要向公眾交待的。

2023 年 2 月 13 日《am730》〈黎 SIR 事務處〉

關注詐騙問題

2023 年 2 月 8 日早上，我在立法會保安事務委員會以視像會議形式舉行的遙距政策簡報會及會議上，向警務處處長蕭澤頤提問：

主席，我問關於詐騙的問題，詐騙案的情況愈來愈嚴重，四大主要分類之中，援交、網上騙案及投資騙案的增長率均非常之高。首先，警方有沒有考慮做比較有針對性的重要宣傳？例如有關投資騙案，現在於媒體上、電視上，有很多財經節目，警方有沒有考慮和這類財經節目商量，要求他們在節目內提供防騙訊息，例如「借錢梗要還」這些耳熟能詳的口號，在銀行廣告裏面都有。

第二，關於電話騙案。以前我們怎樣識別一個可疑電話，如果是由電腦撥出的電話，會有「＋852」，但經歷了那麼久，大家已遺忘這識別法。而電話騙案的數字，雖然去年有少許下降，但整體數字仍然高企。既然電訊商能夠識別用電腦撥出的電話，那麼可否再加一些明顯的訊息，讓大家更加容易識別，一眼便知道這是電腦撥出的？

剛才蕭處長亦有提到，現在的受騙群組的年齡已下降至

20 至 40 歲，針對年青人，警方會不會考慮在香港人慣用的社交媒體做更廣泛的防騙宣傳？多謝主席。

　　警務處處長蕭澤頤回覆如下：

　　多謝黎議員。有效預防及打擊騙案，做多些宣傳，絕對是最有效的策略。在過去兩年，我們特別在社交媒體及傳媒，在很多渠道作全方位宣傳防騙訊息，特別是黎議員剛才提及，在電視台、電台等等一些較受歡迎的節目，我們也曾經透過這些方法去傳遞防騙訊息。

　　今年我們會再接再厲，進行密集式防騙宣傳。在這個月，我們已經再次開始舉行「防騙月」。我們主要有七大攻略，剛才黎議員提及的，都已經加入，包括製作政府宣傳短片，我相信大家都有看過。剛才提及年青人，我們在網上平台，會擴大接觸面，宣傳防騙訊息。另外，在街道上的大型戶外廣告，我們亦都會提高防騙意識等等。我們亦會善用電台及電視台，講解一些騙案的手法。我們亦覺得，如果最有效，就是我們將這些訊息，在電台及電視台不時播放，我們亦和不同的傳媒，一直密切進行。除此之外，我們亦和不同的報章雜誌等等，我們會加大宣傳面。至於剛才提及，會不會和電訊商去識別電話，特別是「＋852」這些，這方面我們亦會和電訊商進行探討。多謝。

2023 年 2 月 8 日　於立法會保安事務委員會以視像會議形式舉行的遙距政策簡報會上發言

《改善兒童和青少年精神健康》議案發言稿

主席，感謝陳沛良議員提出的議案。

精神健康問題不但對個人生活造成重大困擾，也不免影響到家庭和睦、社會穩定以至經濟發展。研究指出，全球約有 10% 的人口有精神健康的隱憂。這比例確實不低，故此，改善市民精神健康，早已經成為各地政府必須面對的課題。香港作為國際大都會，除了關注如何提升本港競爭力、各種提量、提速、提效、提質之外，亦要持續為有精神健康需要人士提供更好的服務。

今日的議案重點在於兒童及青少年精神健康。醫管局的兒童和青少年精神科服務個案由 2011–2012 年度的 18900 宗，上升至 2021–2022 年度首三季的 42700 宗，升幅驚人。

數字大幅上升，固然是因為社會大眾對問題的認知及關注比以往多，及診斷方法日益進步有關；但無可否認，社會環境對兒童及青少年造成的壓力亦有很大關係。就如上星期，有小學二年級學生與媽媽申訴返學辛苦的片段流出，引起大眾議論。我估計這類情況並非個別例子。固本清源，特

區政府應由親職教育及校本教育入手，致力為小朋友提供充滿關愛及有利成長的環境。

其次，正視兒童及青少年精神健康，的確有助及早預防、識別或介入。愈早介入，愈大機會取得積極正面的成果。

我很高興見到當局於及早介入方面並無停滯不前，例如2020 年推行的「幼稚園／幼稚園暨幼兒中心第一層支援服務試驗計劃」即將恆常化而規模亦有所擴展，我期待當局在這方面持續改進。

另外，參考外國例子，不少地方都有為青年而設的精神健康支援中心，提供一站式服務如輔導、心理治療及普通科診症等。雖然全港都約有 30 間精神健康綜合社區中心，並於 2019 年起將服務對象擴展至 15 歲以下的中學生。可惜，當局對這類中心的推廣或宣傳欠缺力度，市民仍未知道中心的存在及了解其提供的服務；第二，服務對象過於廣泛，欠集中，難以令青少年主動求助。我建議當局參考外地的做法，設立以青少年為服務對象的精神健康中心，加強社區精神健康服務的力度。

最後，我亦留意到，這些中心亦有提供遠程醫療服務，青年人可以透過視像通話與精神科醫生聯絡。我一向關注遠程醫療服務的發展，上個月亦就此提出了一項口頭質詢，當

時所得的答覆是醫管局會逐漸將遙距診症應用於合適的臨牀服務，其中包括專科門診服務。我希望醫管局會考慮將遠程醫療服務推廣至合適的精神健康服務對象。

2023 年 3 月 15 日　於立法會大會就《改善兒童和青少年精神健康》議案發言

《全面推動香港氫能源產業發展》議案發言稿

2023 年 3 月 29 日，我在立法會大會就《全面推動香港氫能源產業發展》議案發言：

主席，氫在元素周期表中排列第一，氫氣更是一種清潔低碳能源，經過燃燒或用電池電化學反應取得的氫能源並不會產生污染物，無碳排放，只產生水。氫的發熱量是石化燃料的三至四倍，是代替煤碳、石油石化燃料的低碳排放燃料首選。

近年全球暖化嚴重，為早日實現「碳中和」，世界各國爭先研究能源升級轉型。氫能因為能量密度高、儲存形式多樣化，可以實現零碳排放等優點，已成為大家重點發展的技術。

當然，我們必須認清，要氫能產業化，提供潔淨能源，亦有很長的路要走，因為生產氫要燃燒煤、石油，過程中亦會排放大量二氧化碳，不符「碳中和」的目標。

製造氫的方法五花八門，視乎製取的方法，可分灰氫、藍氫、啡氫、青氫、綠氫等。燒煤製氫名為啡氫，最便宜但

對環境傷害最大。燃燒石化燃料製造的氫名為灰氫，也會產生大量的二氧化碳。如果加入碳捕獲技術，排放二氧化碳會減少，名為藍氫。青氫用「甲烷裂解」的方法產生，但有漏烷的風險以及產量的問題。

要真正做到零碳排放，只有從電解水中提取氫，這名為綠氫。但要在過程中做到零碳排放，條件非常苛刻，價錢亦十分昂貴。現時綠氫只佔全球產量約百分之一。

面對這種難題，氫能源會否再次成為空中樓閣？觀乎世界各國近兩三年的成就，氫能的前景實在是非常好。除了我們國家和新加坡外，已經有 40 個國家宣布了發展氫能的路徑，並「真金白銀」投入發展。

我了解香港至今仍未有完整的氫能源產業發展規劃。最貼近的是特區政府在 2021 年成立了跨部門專責小組，由公務員、專家、學者組成，研究各種氫能的使用方案及技術要求。

主席，最近我參觀了煤氣公司的一套毋須用傳統燃燒方法而直接從他們生產的煤氣中提取氫氣的示範設施。由於香港生產的煤氣已含有 49% 氫，而提取出來的氫又可以通過現成的煤氣管道輸送到特設的加氫站供車用燃料電池發電運作，煤氣公司已夥拍油公司申請建造香港首個加氫站，同時亦跟巴士公司洽商提供抽氫和供氫系統給他們的試驗氫氣巴

士使用。發展氫總算在香港開了一個頭。

　　至於我們國家,已經快馬加鞭去做。由於國家有豐富再生能源,風力、太陽能、水力發電技術都在世界先進水平,有優越條件成為廣泛使用氫能的領先者。2022 年底,中國工程院士謝和平與他指導的深圳大學、四川大學博士團隊,在著名的科學期刊《自然》發表了題為〈破解海水直接電解裝氫的半世紀難題〉的論文,有望成功打造中國原創的海洋綠氫全球新興戰略產業。雜誌評審專家更評述這項技術「打開低成本燃料生產的大門」。

　　主席,我認為特區政府應該把握國家政策的優勢,考慮李浩然議員提出的三項建議,制訂最合適香港的氫能產業發展時間表,以及路線圖,力爭緊貼國家發展氫能策略,向既定的減排碳目標邁進。

　　主席,我謹此陳辭,支持原動議和修訂動議。

2023 年 3 月 29 日　於立法會大會就《全面推動香港氫能源產業發展》議案發言

就「提升警政能力的資訊科技項目」發言

2023 年 4 月 4 日，立法會保安事務委員會審議保安局「建議提升警政能力的資訊科技項目」，以下為我的發言：

多謝主席。「工欲善其事、必先利其器」。警隊在香港佔了非常重要的位置。香港的治安、國家的安全，主要靠警隊給我們把關。因此警隊必須有先進、有效的設備是毋庸置疑。

在保安局提交這份文件後，我留意到坊間關注項目的撥款高達 52 億，但在保安局局長鄧炳強跟我們介紹有關詳情後，我對計劃信心滿滿。鄧局長的構思非常仔細，包括「同步招標」，須知道按慣常做法，若先批出撥款再招標，將可能產生不良及不如預期的效果。因為投標者知道每一個系統的實際價錢，而他們會否按實質價錢再叫高價格，使局方失去預算？或者投標者會否為了符合投標價錢，從而減低產品的質量？這兩件事情都會影響到警隊更新電腦系統的時間表，因此我認為「同步招標」的想法既仔細、又有用，亦可省卻立法會審議的時間，我對此表示支持。但我想請鄧局長稍後向我們補充一份文件，內裏包括每一個子系統預計處理

時間，因為我相信局方需要時間處理各子系統的先後次序。

第二點希望鄧局長考慮，警隊「第三代人事資訊通用系統」儘快提高處理優次上馬，因為現時第二代的系統所產生的情況極不理想。為香港拼搏的警務人員及其家人的個人資料受到不法人士非法入侵及濫用，使警隊同事不能安心工作，事情需要儘快制止。而這個相信是「美國產」的第二代人事資訊系統於 2021 年擱置與警隊更新合約服務，對於系統維持的持續性是會產生極度不良的影響。因此我希望鄧局長儘快制訂及完成員工資料庫的時間表，多謝主席。

保安局局長鄧炳強回覆：

首先，多謝黎議員對警隊工作的認同，因為「同步招標」概念是在上次追加撥款會議時各位所提供的建議，而這是一項非常好的意見，因此意見要接受，而且做法穩妥，有關文件將會在會後補充。

有關「第三代人事資訊通用系統」，我相信我們的同事在黎議員的鼓勵下會迅速完成，能夠提早完成提早在立法會審議撥款。多謝主席。

2023 年 4 月 4 日　於立法會保安事務委員會審議保安局
「建議提升警政能力的資訊科技項目」的發言

審核 2023-2024 財政年度開支預算——衞生範疇

2023 年 4 月 13 日，立法會財務委員會特別會議審核「2023-2024 財政年度開支預算——衞生範疇」。以下是我的發言：

多謝主席，我跟進的文件編號是 HHB087。我向來關心遙距醫療的發展及應用，尤其是怎樣運用這些技術幫助長者，因為這些做法可減省院舍長者在診症室的輪候時間，減低他們感染其他疾病風險以及舟車勞累，亦可減低急診室和門診醫護的工作壓力，好處甚多。

我十分高興看到當局的回覆，醫管局的社區老人評估小組，於 2022 年 4 月至 12 月期間，提供的遙距醫療服務共約 47000 人次，服務並且擴展至全香港各區的安老院舍。

第一個問題，疫情已經過去，醫管局會否繼續記錄社區老人評估小組提供的遙距醫療服務的人次？我理解於 2022 年 4 月以前，醫管局並沒有備存相關數字。這些數字及疫情都已成過去，當局又會否重回舊路，不再備存相關數字？須知道，這些數字對於本會以至社會監察當局的遙距醫療發展

進程是相當有幫助的。

第二是服務對象。當局答覆清楚表明於 2022 年 4 月至 12 月期間，服務是擴展到全港各區的安老院舍。疫情過去後，醫管局會否走回頭路，減少遙距醫療於安老院舍的服務數量？

最後的問題，早兩個月我在立法會有一條同樣題目的口頭質詢，當時局方說過，「醫管局其實已經成立一個小組，審視如何全面推廣遙距醫療服務」。但今次當局對於小組的答覆是隻字不提，我要追問這個小組現時的進度如何？有沒有時間表？何時會提出改善建議？多謝主席。

醫院管理局行政總裁高拔陞醫生回覆：

多謝主席。正如剛才黎議員提到，在過去一段時間，遙距醫療的發展相比以前是十分迅速。事實上我們亦看到遙距醫療的好處，例如在老人評估小組內的老人院舍，遙距醫療已有多年的歷史，我印象中超過十多年，當然以前科技並未成熟，依靠打電話或者視像依賴手機的效果並不好，當時使用遙距醫療亦不是太普遍。過了一段時間，例如在新冠疫情期間，由於感染控制或病人到醫院並不方便，使遙距醫療有機會進一步發展。這是成功的經驗，亦是對市民或院舍員工以及病友的支持。

因此黎議員剛才提及的事我們會繼續做，一方面我們已

有特定的二維碼讓同事查核完會記錄在案，我們同事會繼續留意數字，將來會繼續有數字提供給大家。

另外是對象方面，我們不單止會維持現有服務，更希望在老人院舍或其他方面繼續遙距醫療的發展。因此在院舍的覆蓋率以及各方面，我們會繼續維持並加強服務。

至於議員提到的最後一點，我們內部已成立專責小組特別加強遙距醫療的應用。除了在求診時由醫生診症外，亦包括護士診所、專職醫療同事例如遙距診治、藥劑師等等。我們會適時通過衛生事務委員會向大家匯報我們的進展，現在已全力推展工作。多謝主席。

以下是我的追問：

可否提供具體的目標，例如在將來 12 個月內，你預期做到哪一個步驟？須知道長者到急症室、前線同事、醫護人員、其他於急症室輪候的人亦十分辛苦，數個事情會產生不理想的情況出現。主席。

醫院管理局行政總裁高拔陞醫生：稍後會補交相關資料。

2023 年 4 月 13 日　於立法會財務委員會特別會議審核
「2023–2024 財政年度開支預算——衛生範疇」的發言

審核 2023-2024 財政年度 開支預算──商務及經濟發展

2023 年 4 月 14 日，立法會財務委員會特別會議審核「2023-2024 財政年度開支預算──商務及經濟發展」。以下為我的發言：

多謝主席。我的問題是 CDB127 及 137，關於「招商引才專組」。這個問題剛才有其他同事提問過。關於這個專組有沒有增聘額外的人手，局方答覆表示預算職位會有 35 個，開支一億，從字面上看會誤以為你們已招聘了數十人，而實際上你們表示小組由現有人手所組成。剛才聽到局長的解釋，我有疑問想向局長確認一下：「人才專組是舊酒新瓶，原有的班子加多一個新的牌子，戴多頂帽子」，是否這樣呢？這是我第一個問題。

第二個問題是，第 127 條問關於專組的指標是甚麼？特區政府答覆表示已載列總目 96 綱領第 3 項。我翻查綱領第 3 項，發現當中已載列了 2023 年已完成的工作目標，局方的專組由上年度 12 月才設立，你們為何這麼快便能完成這麼多個目標？綱領 3 內列出了早兩年的績效數字，究竟專組所做的工作與以往所做的工作有甚麼分別？哪些工作是重疊？

請局長解釋。

商務及經濟發展局副秘書長黃宗殷回覆：

多謝議員的提問。議員知道我們在海外的 14 個經貿辦，有 12 個是在投資推廣署內有投資推廣小組，但新的「引進辦」成立後，我們有新的目標及全新的政策工具，讓我們能夠吸引具策略性的企業和人才來投資。因此，我們是用原有的班子，但增加一個新任務，變成「招商人才專組」。隨了剛才局長提及的「招商人才專組」和投資小組轉變成吸引策略性企業外，我們亦承擔了由勞福局方面負責的「人才方面」的工作。我們的同事在海外辦事處，由以往的投資促進小組變成「招商人才專組」。

我較早前回答另一位議員的問題時提及過，除了有新的政策工具外，其實答覆中列出了投資推廣署會預留資源，透過專組加強投資推廣的工作。雖然人手安排仍然是原有的班子執行，但我們亦適當地增撥資源，加強投資推廣的工作，更重要的是「引進辦」的成立後，我們有一套新的政策工具，讓同事吸引具價值、具創造性的策略性企業，我們更要負責「人才」方面的工作。

另外，議員提及在總目內的績效指標。其實吸引投資推廣工作並不是一件件分開量度，而是需要長時間累積的。今年匯報上年度累積下來的工作，例如有的工作是由上年度開

展，但於今年完成，這將會在今年匯報出來。若是今年開展的工作，我們便會在下年的工作指標反映。因此，工作績效指標是按我們經驗，大概知道每個小組或整體能達到的工作數字。

以下為我的追問：請局方在會議後以書面形式解釋清楚，多謝主席。

2023 年 4 月 14 日　於立法會財務委員會特別會議審核
「2023-2024 財政年度開支預算——商務及經濟發展」的發言

審核 2023-2024 財政年度開支預算——福利、扶貧及兒童事務範疇

2023 年 4 月 17 日，立法會財務委員會特別會議審核「2023-2024 財政年度開支預算——福利、扶貧及兒童事務範疇」。我的發言如下：

多謝主席。我的提問是文件 LWB248，關於二元乘車優惠計劃。局方在答覆文件中第 1 及第 4 項中，披露了 2022-2023 年度港鐵公司獲發還的車費非常多，增幅達 200%。2022-2023 年度是 11 億元，相對 2021-2022 年度的 3.68 億元是增加了 200%。

我想問問局方，究竟這個數字是否符合局方的預期？往後你們估計港鐵公司每年獲車費發還的數目，增幅會否像今年度大幅上升？我先提問這個問題，多謝主席。

運輸署署長羅淑佩回答：

多謝黎棟國議員。2021-2222 年度是實際數字，2022-2023 年度是經修訂的預算。特區政府檢視有關實際數字相若，議員的觀察是正確的，增幅在各個交通模式，包括港

鐵、巴士、小巴、渡輪都是偏大，而港鐵的增幅相對比較大。特區政府相信有數個原因，主要原因是 2022−2023 年度開始 60 歲至 64 歲的二元優惠，60 歲至 64 歲人士乘搭港鐵的比例是高，是比 65 歲以上的人士高。這當然是視乎其出行習慣，亦可能部分 60 歲至 64 歲人士仍然是在職人士，因此會選擇乘搭地鐵。

至於將來，其實 60 歲至 64 歲的二元乘車優惠計劃是剛實行約一年，我們需要穩定觀察市民的出行習慣，因為去年第一、二季受第五波的疫情高峰期的影響，以致大家出行習慣有所改變。

至於增幅，港鐵增幅的確較大，2023−2024 年度港鐵及專營巴士的預算補貼金額會是相若的。2023−2024 年度補貼及獲發還金額會大致相若，特區政府會繼續檢視有關數目。多謝主席。

以下是我的追問：

第二個問題，是我提問的第五部分。第一個問題是問局方打算怎樣打擊濫用。濫用指一般性質，相信大家都明白。第二個問題是「長車短搭」，局方用了千多字回答我的問題，但答覆側重在第一部分有關「一般性濫用」的問題，至於「長車短搭」，我用「放大鏡」尋找一遍才發現最後一段有數個字說明指：「2022 年 7 月推出宣傳短片，鼓勵合資格的人士

善用短途車及分段收費，以確保公帑的適當運用。」

另外，局方另一個答覆指會在 2023 年 3 月推出新一輪宣傳計劃。我想問局方覺得這種「長車短搭」的問題是否嚴重？你們在上年度推出宣傳短片後，有沒有任何改善？若有改善，有甚麼數據支持？新一輪的宣傳短片有沒有繼續完善執行？如果沒有，為甚麼？多謝主席。

運輸署署長羅淑佩回應：

多謝黎議員的問題。「長車短搭」的宣傳已經開展，亦會繼續執行。我們收集回來的使用者意見指他們原本不清楚產生的相關影響，當他們知道「長車短搭」會使特區增加補助，他們亦會改變出行模式。除了一般宣傳，我們亦會考慮其他方法，例如雙向分段收費，減少特區政府於公共交通的補貼。這方面特區政府要謹慎小心平衡，如果太多雙向分段收費，可能會影響特別繁忙時間的巴士資源，例如長途車有雙向分段收費會使到人們視作短途車去乘搭。真正需要長途車的乘客的乘車效率減少，政府會小心檢視。多謝主席。

2023 年 4 月 17 日　於立法會財務委員會特別會議審核
「2023–2024 財政年度開支預算——福利、扶貧及兒童事務範疇」的發言

立法會議員的
傳承責任

2023 年 4 月 12 日，十多位高小至初中的同學，到訪立法會參加導賞團，我作為隨團議員，自然也隨團出發，跟着立法會的專業導遊，遊走立法會大樓多個景點。

同學參觀了立法會大樓的歷史廊、教育廊，導遊講解了立法會的歷史和運作。導賞團的重頭戲是參觀立法會會議廳（Chamber）。根據立法會的規定，若沒有議員陪同，導賞團是不可以進入會議廳的，為避免同學「過門行得入」，我務必陪同。

會議廳是立法會舉行每週大會（Council Meeting）的地方，莊嚴肅穆，建築宏偉。我向同學介紹議員的重要職能，包括審議法例、審批特區政府開支，以及監察特區政府運作等等。鏡頭前，議員和官員在會議廳辯論議事，其實鏡頭後，立法會還有很多同事努力不懈地工作，包括秘書處、即時傳譯員、保安員等等。這些同事默默耕耘，確保立法會暢順運作，稱得上是立法會的無名英雄。

除了議員席和官員席，會議廳亦設有傳媒廣播室、記者

席和公眾席等等，記者和公眾人士能即時觀看及監察會議情況。

一小時的導賞團完成後，同學便化身成小記者，和我進行了一個小時的訪問。同學的提問範圍十分廣泛，也勾起我40多年公務員生涯的回憶，以前面對過的困難和挑戰，如今猶在眼前。

其中一位同學問我以往處理過甚麼難忘的事件。猶記得2004年發生「南亞海嘯」，事情來得太突然，我們來不及做詳細計劃便要出動救人。猶幸當時上下一心，短短幾個小時便組成一支救援隊，立即到當地協助滯留港人。由於當時特區政府並未掌握被困港人的資料，我想到透過電訊公司，通過他們掌握的漫遊數據，了解到有幾多港人身在當地，隨即向他們發出短訊，很快便和不少人取得聯繫。再加上我國駐當地領事館和華僑、旅行社負責人的鼎力幫忙，特區政府成功將受傷港人安置好，以及把不幸遇難的港人遺體移送回港。通過這次救援行動，特區政府建立了一套處理緊急應變的行動預案框架，為日後處理同類型重大突發事件做好準備。

同學的提問亦讓我想起自己服務市民的初心。過往40多年的公務員生涯，始於為社會、為市民服務的心。今天，我轉變了角色，但初心不變，作為立法會議員同樣任重道遠，傳承也是我們肩負的重責。因此，我希望通過與同學的

交流，鼓勵他們努力讀書，積極向上，同時希望把服務香港的種子，植入他們心坎內，但願有天開花結果，他們為未來的香港貢獻。

2023 年 4 月 17 日　《悅傳媒》〈棟悉港情〉

《加快輸入人力，
補充本港勞動力》
議案發言稿

2023 年 4 月 20 日，我在立法會大會就《加快輸入人力，補充本港勞動力》議案發言如下：

主席，正如其他同事所說，香港的確應儘快研究，部分行業現時面對的勞工短缺問題，究竟是結構性的，抑或是在短期內受疫情等因素影響。

回顧 1989 年，當時香港人力市場持續有高達 10 萬個職位空缺。1992 年，港英政府推出「一般輸入勞工計劃」，配額由第一年的 3000 個，到後期加至 25000 個。當時政府會定期做檢討。到了 1995 年，政府發現人力市場短缺的問題已經紓緩，就決定終止這個「一般輸入勞工計劃」，並宣布所有根據這個計劃輸入的勞工，都必須在合約屆滿後離開香港；但同時，保留聘請外地勞工的政策，擔任一些無法在本地聘請個別需求人員的工作，於是衍生出 1996 年的「補充勞工計劃」。

計劃雖然一直沿用至今，已經 20 多年，但是申請不是很多，例如在 2003 年至 2021 年期間，每年平均獲批的申請

為 1900 宗；加上這個計劃不包括特定工種，而且非技術或低技術工人的申請通常不獲考慮，對於補充本地勞動力不足這個政策原意，未必完全做到。

回顧計劃，應該定期檢討成效，不夠人手時要考慮增加配額，人手不短缺時便要取消配額。最近宣布為安老及殘疾院舍推出的特別計劃，顯示特區政府有魄力面對和處理問題。當然，輸入更多人力的同時，亦要施加適當的限制，例如規定合同完結後可否續約、定期檢討，及只針對特定人力短缺的行業等，將對本地勞工就業的影響減到最低。

談到幫助本地勞工，我要提一提，現時所有通過指定輸入僱員計劃聘用外來勞工的僱主，都要繳付僱員再培訓徵款，每月 400 元，並撥入由僱員再培訓局管理的僱員再培訓基金，以培訓本地工人。但再培訓局的角色非常被動，例如，明明過去五年漁農業上交的徵款，每年都佔徵款總額的 20%，但竟然因為沒有接到開辦漁農業課程的要求，就不開辦相關課程。現時這個做法，是否合符再培訓徵款的原意，我促請當局儘快改善，主動出擊，用好徵款，培訓本地行業缺乏的勞工。

近期，有不少意見認為香港要採用即日往返內地模式的輸入勞工計劃。這個模式值得考慮，亦在法理上站得住腳。自 1989 年起，入境處已開始簽發「W」字頭的身份證輸入勞工。《基本法》第 24 條規定，「非永久性居民為有資格依

照香港特別行政區法律取得香港居民身份證，但沒有居留權的人」；結合《基本法》第 31 條，「香港居民有出入境的自由」，結論是所有輸入的勞工都可以即日往返內地。

主席，除了有法律依據外，即日往返的輸入勞工安排亦有各種好處，包括不會加劇香港的住屋問題、方便勞工每日返內地與家人團聚等等。既然大灣區「一小時生活圈」已經成形，沒有理由澳門做到即日往返輸入勞工，而香港做不到。我期望，特區政府仔細研究人手短缺的成因，並儘快給社會各界合理交代。

我謹此陳辭。

2023 年 4 月 20 日　於立法會大會就《加快輸入人力，補充本港勞動力》議案發言

「強烈不滿，堅決反對」
聯合國報告

2023 年 4 月 25 日，立法會政制事務委員會就「聯合國經濟、社會及文化權利委員會就香港特別行政區根據《經濟、社會與文化權利的國際公約》提交的第四次報告」舉行會議，我於會上的發言如下：

多謝主席。聯合國相關委員會的報告，我用八個字形容，「強烈不滿，堅決反對。」委員會的結論性意見及立場荒誕，將所謂報導當為事實，是非不分，用語言藝術達致沒有理由、理據的結論，我們堅決反對。

讓我舉出一些例子，第 100 段司法獨立，有報導指《香港國安法》實際上廢除了特區的司法獨立，何解？第 101 段，要求我們「檢討《香港國安法》以確保司法完全獨立，確保《香港國安法》不會被任意胡用干預司法獨立」，有甚麼理據達致這結論？第 102 段更離譜，有報導指「審訊有欠透明」，我們香港所有審訊都是公開的，怎樣不透明？再者，其稱國家安全熱線被廣泛使用，作為一個市民我們見到違法行為，是否要去舉報？完全沒有任何依據理由。第 103 段，指我們要「確保每個階段都是獨立及有效的法律代表」，

現在有任何一個被捕及被告人士不可以聘請律師嗎？

回應這些荒誕言論，特區政府當然已據理力爭發出新聞稿，但我同意陳永光議員以及廖長江議員所説的，我們所做的不足以應對。根據報告，我們有兩年時間告知有關建議的做法，我認為不可去到最尾階段才答應他們，我們在這兩年不可不做工夫，亦不可放軟手腳，我們應頻密清晰地回應報告的每一個用詞，告知他們沒有依據、胡亂猜測。我們不可單靠一份新聞稿，因大家看完後便會忘記。

特區政府除了發新聞稿外，主要官員有沒有舉辦記者招待會，並邀請國際媒體到場？請特區政府思考一下我們外交部的發言人，定時定候會見傳媒。我們豈可以被誣陷後不為自己抱不平？面對國際傳媒，我們必須説清楚事實的全部和真相。因此我希望特區政府檢討及思考應怎處理這類型事件。多謝主席。

政制及內地事務局副局長胡健民回覆：

多謝主席。剛才黎議員提到的那種氣憤感覺，我十分感同身受，相信我們同事亦一樣。因此我們在發出新聞稿的第一段，我們已直斥這份報告結論的所非，我們「強烈反對委員會無視特區政府早前作出的説明及澄清，偏聽部分不實訊息，歪曲報導，罔顧事實、以偏概全。有關所謂結論，一面倒任意猜度香港的人權狀況。」我們充分表達不滿並直斥其非。

至於黎議員提到的一系列工作，我們會考慮，下次提交的報告我們會配合國家報告來作出回應。相關工作及説好香港故事的工作我們一定會不停地做。多謝主席。

2023 年 4 月 25 日，於立法會政制事務委員會就「聯合國經濟、社會及文化權利委員會就香港特別行政區根據《經濟、社會與文化權利的國際公約》提交的第四次報告」發言

《2023 年撥款條例草案》
恢復二讀辯論發言

2023 年 4 月 26 日，立法會大會就《2023 年撥款條例草案》恢復二讀辯論，我的發言如下：

主席，我發言支持《2023 年撥款條例草案》。今次是本屆政府交出的首份《財政預算案》。疫情消退、通關復常，特區政府拋出一系列計劃，加速吸引遊客，部分計劃例如「你好，香港」、「開心香港」等，計劃詳情已經公布甚至已進行。另一方面，特區政府在照顧本地市民方面亦不遺餘力，維持向市民派發消費券，亦繼續推出各項照顧基層措施，例如電費補貼、為合資格人士派發額外半個月綜援、高齡津貼、長者生活津貼等。

綜合而言，這份《財政預算案》可謂做到「應使得使」，對內對外都交到功課。當然，新民黨最欣賞的，是新一屆特區政府除了花錢，亦有構思如何開源節流，尤其是採納了新民黨早於數年前已經開始提出的上調足球博彩稅。

新民黨一直主張，香港賽馬會自 2003 年獲開放賭波後，足球博彩無論是博彩投注總額，或是純利及佣金，增幅

都非常驚人，遠超賽馬博彩帶來的增長，甚至有人笑話，過多兩年，賽馬會可能要改名叫「足球博彩會」才能反映其主要收入來源。無論如何，足球博彩營運成本遠較賽馬低，例如幾乎不用任何硬件投資或保養。另一方面，香港不像其他地方會發出多過一個足球博彩牌照，讓各博彩企業自行競爭。既然如此，特區政府的確有理由提高博彩稅率，以證明政策上容許賽馬會壟斷市場的做法是合理的。

今次特區政府徵收更多博彩稅的做法，比我們提出的、只加足球博彩稅由 50% 加到 80% 更好。在《財政預算案》演辭中，財政司司長陳茂波稱會徵收每年 24 億元的額外足球博彩稅，為期五年，而原有博彩稅稅率不變。這個做法，一方面可以確保特區政府得到穩定的稅收，特區政府確定每年會有這 24 億收入，不用「估估下」，有利做好長遠規劃。另一方面，當局給予確切的五年年期，但沒有調高博彩稅稅率，這五年可用來觀察這個做法對賽馬會有甚麼影響，再決定之後怎樣做。對於今屆政府採納了新民黨多年來的增加博彩稅建議，並於這個基礎上再做細節優化，亦得到賽馬會承諾不會減少對本地恆常慈善撥款的承擔，我再次表示感謝及支持。

此外，特區政府亦接納了新民黨提出優化子女免稅額的建議。當然，其實不止新民黨，很多同事及其他政黨都有提出要研究引入累進式子女免稅額，以鼓勵生育。今次《財政預算案》雖然有做，但只是做了簡單的增加，由 12 萬元增

至 13 萬元，尚嫌不足，希望明年可以進一步引進有創意的措拖。

我不想花太多時間說這個問題，但我要提醒一點，儘管特區政府做了增加子女免稅額這個動作，但在鼓勵生育方面，特區政府的態度依然與我們南轅北轍，差天共地。回看特區政府於《財政預算案》以至上星期在本會通過的《2023 年稅務（修訂）（子女免稅額及稅務寬免）條例草案》文件，當局對於增加子女免稅額的態度，只是認為這是給納稅人有更充裕的能力照顧家人、增加家庭的可動用收入等，並沒改變他們由始至終認為特區政府「不宜過分干預」生育的立場。

主席，在上星期立法會通過《2023 年稅務（修訂）（子女免稅額及稅務寬免）條例草案》的同一日，聯合國人口基金公布年度「世界人口狀況」報告，揭示香港生育率全球最低。當然，這個對一直關注香港生育率問題的我們來說，並不是新鮮事，因為這是早已有見的趨勢發展；特區政府對香港生育率的取態如何，才是重中之重。我希望，今次《財政預算案》微調子女免稅額是開始，特區政府要旗幟鮮明，認真思考各種應對香港生育率極低的方法。

最後，我想提一提另一個值得跟進的經常性開支問題，就是二元優惠計劃。自去年起這計劃擴展至 60 歲至 64 歲的市民後，過去 2022–2023 年度，即使嚴重疫情令市民減少出

行，這個計劃的開支仍然較上一個年度增加一倍，達到 30 億元。更令人震驚的是，這筆是屬於經常性開支，不單是每年都要的支出，而且會隨人口老化不斷增加，有升沒有跌。

我刻意在特別財委會上跟進發還給各個公共交通營辦商的款項，發現港鐵的增幅遠超其他交通工具營辦商。巴士及渡輪升了一倍，港鐵則上升兩倍。局方在回應我提問的時候，承認不同的增幅，是因為 60 歲至 64 歲人士的出行習慣有所不同，例如他們很多仍然是上班人士。如果是這樣，我要問計劃是否已經偏離設立二元優惠計劃時，說要「鼓勵長者同殘疾人士多走進社區」的原意。

雖然我不是要求特區政府改變二元優惠計劃，但計劃實施以來衍生的「長車短搭」等問題日趨嚴重，特區政府要立下決心，提出解決辦法，減少不必要的補貼。

主席，我謹此陳辭。

2023 年 4 月 26 日　於立法會大會就《2023 年撥款條例草案》恢復二讀辯論發言

討論
「完善地區治理工作」

2023 年 5 月 4 日，立法會聯席事務委員會特別會議討論「完善地區治理工作」，我的發言如下：

主席，這兩天媒體詳盡報導了各界人士對特區政府提出重塑區域組織的方案。我留意到有反對聲音集中攻擊這個方案，例如指區議會本身「有實際政治權力」、「有政權正當性」、「可以代替香港人民權力的法治組織」、將來「再無能力制衡和監察政府」云云。

主席，設立區域組織的依據來自《基本法》第 97 條，其權力、功能和責任必須完全符合《基本法》的規定，不可以由個別人士、團體自行宣示和僭建。

《基本法》第 97 條規定，「香港特別行政區可設立非政權性的區域組織，接受香港特別行政區政府就有關地區管理和其他事務的諮詢，或負責提供文化、康樂、環境衛生等服務」，「接受」的意思即不是主動提出。而《基本法》第 98 條則規定「區域組織的職權和組成方法由法律規定」。

《香港法例》第 547 章是《區議會條例》，第 61 條〈區

議會的職能）規定區議會「就以下項目向政府提供意見」，包括「承擔 —— 有關的地方行政區內的環境改善事務；有關的地方行政區內的康樂及文化活動促進事務；及有關的地方行政區內的社區活動。」

主席，法律並沒有賦權區域組織監察、制衡特區政府的權力，任何政治化和自我賦權的講法完全是誤導市民，自我擴權，必須嚴正反擊。

主席，有人常常拿香港的區域諮詢組織等同西方國家的地方議會，應該享有獨立行政、財政和決策權。從我剛才引述的法律條文清楚顯示這是徹頭徹尾的謬誤。我認為一向以來用區議會這個名稱描述地區諮詢組織並不百分百準確，未有適切反映其功能，即是在地區就個別事項接受諮詢、反映居民相關意見，做政府聆聽、收集意見的平台。其本質與立法會有極大差異，並不享有質詢、監察、制衡政府等法定權力。它不是一個議會，而是一個地區諮詢會議。

因此，我建議特區政府考慮在新修訂的第 547 章，加入弁言，列出《基本法》第 97 條的條文，開宗明義宣示設立地區諮詢組織的法律依據和初心。我亦建議將修訂職能從第 547 章第 61 條搬到條例的第一部分，以突出其職能的重要性。請特區政府考慮。

2023 年 5 月 4 日　於立法會聯席事務委員會特別會議討論「完善地區治理工作」的發言

條例修訂用字講求
精準到位

立法會議員最怕特區政府就修訂法例時閉門假造車,以下我分享在審議《2022年院舍法例(雜項修訂)條例草案》碰到的例子。

事情是這樣的,勞工及福利局在提交的《2022年院舍法例(雜項修訂)條例草案》第44條,列出了藥物的存放及施用規定。原文是這樣的:「安老院內存放的所有藥物,均須存放於安全及已上鎖的地方,致令署長滿意;及對安老院任何住客施用藥物,只可按照註冊醫生、註冊中醫或表列中醫為該住客開出的處方而行。」驟眼看,條文似乎沒甚麼問題,但當進一步思考和分析,卻發現在執行上,院舍員工將面對重大挑戰,甚至會很容易誤墮法網。

條例中提及的「所有藥物」四個字含意甚廣。根據衞生署網站的資料,「藥物」的意思可解讀為「透過藥理、免疫或新陳代謝作用,恢復、矯正或改變生理機能」或「用於治療或預防人類或動物的疾病」。根據這個解釋,馬上令人聯想起坊間常見的維他命補充劑、痠痛貼布、正骨水、眼藥水等都包括在內,屬於藥物,因為這些物品都是通過藥理或新陳代謝作用,讓患者改變生理機能和預防疾病,例如維他命

C 可增強抵抗力。「藥物」更不單是指西藥，也包括中藥，而日常餸菜食材，包括陳皮、杞子、淮山⋯⋯都是中藥。因此，也在有意無意中納入了條文的規管範圍內。

修訂條文規定，「對安老院任何住客施用藥物，只可按照註冊醫生、註冊中醫或表列中醫為該住客開出的處方而行」，即是說在院舍內替院友貼瘀痛貼布、塗抹正骨水前都必須要獲得醫生簽紙同意。按常理來看，法例規定要院舍員工每次都找醫生簽紙，有必要嗎？不是多此一舉嗎？若條文原封不動通過，豈不是連買餸也要中醫開藥方？更可怕的是，條文劃下了一條法律紅線，稍為不慎便會觸犯法律，更有可能惹上官非。

問題難以解決嗎？不難，只要輕輕修改有關字眼，加個「形容詞」便可以，例如將「所有藥物」改為「所有處方藥物」，便可以藥到病除，「法規陷阱」馬上迎刃而解。另一個方法，特區政府亦可以訂明「藥物」的定義，解釋清楚甚麼藥物才受規管，便可避免爭拗，消除誤會雷區。

總括來說，法律條文用字講求精準到位，要「貼地」，要避免有灰色地帶，更要用活生生的例子去測試，確保沒有問題，而非搬字過紙，令人無所適從。特區政府修訂法律時，應多思考執行上可能出現的操作問題，除了要確保條文達到政策目標外，更重要是可以做得到，行得通的。

2023 年 6 月

新民黨強於政策研究，每年都向行政長官及財政司司長提出《施政報告》
和《財政預算案》的建議，例如怎樣搶人才、上調足球博彩稅等等

位於勵德邨及大埔的黎棟國議員辦事處先後開幕，
未來一定會和大家心連心、手搊手，為地區、為香
港做實事

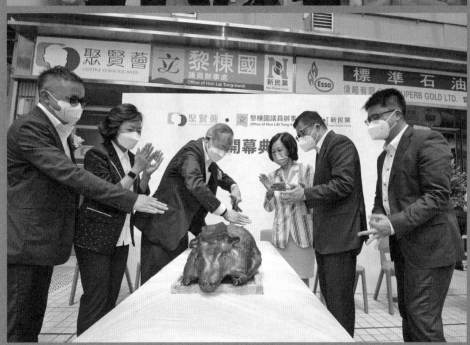

提高治理水平，排解民生憂難

第三章

李家超的
「我和我們」

前政務司司長李家超在辭職（2022 年 4 月 6 日）、獲國務院免職後（8 日），隨即在 9 日下午舉行了網上記者招待會，公布他參加第六屆行政長官選舉的參選宣言。

全篇宣言 1630 字，分 19 段，清晰明確地表達了他未來的施政風格。宣言第六段列出三大施政方向——「一是以結果為目標解決不同的問題，二是全面提升香港競爭力，三是奠定香港發展的穩固基石」，我十分認同。

事實上，特區政府做事一直過分注重程序，以致很多發展計劃都進展緩慢，動輒花掉十年、二十年都看不到成果。發展步伐滯後，加上黑暴及疫情的嚴重衝擊，經濟、商貿、教育、創科等各方面的競爭力都大大減弱了。未來，若香港能準確理解自己的定位，明白到國家是香港發展的最堅強後盾，好好抓緊機遇，及時和適當地精簡各類行政程序，加快步伐，香港的發展便有轉機。

不過，比起施政方向，我對於宣言中提及的「我和我們」印象更加深刻。李家超說「我要建立團隊觀念，做事

的時候不分『你或我』，強化『我和我們』共同解決問題的團隊文化」。的確，香港有 700 多萬人，特區政府公務員團隊有 19 萬，分佔三司十三局，要有效管理特區政府，有效管治香港，即使行政長官更叻，個人的能力始終有限，行政長官一個人是無法完成所有工作的。因此，有好的、幹練的、合作無間的、不分你我的團隊，至為重要，必不可少。

李家超有這種信念，我相信和他的警察背景大有關係。李家超在 1977 年加入警隊成為見習督察，20 年後，在 1997 年晉升至總警司；再十年後，在 2007 年晉升為警務處高級助理處長，在 2010 年出任警務處副處長（管理）。屈指一算，李家超在 2012 年獲委任為保安局副局長前，在警隊服務了 35 年。警隊是一支龐大而複雜的隊伍，每天處理不同規模不同類型的案件，執行不同的行動，講求的就是團隊合作性及凝聚力，執行任務時恰當純熟的分工、補位，否則一個警察單打獨鬥也破不了甚麼案件；而擔任警務處副處長（管理），他的任務就是要好好地管理這支三萬多人的警隊，負責資源分配、人事編排、訓練、紀律、裝備、晉升等等。因此，我相信李家超這位當差 35 年的「老差骨」，比很多人更明白團隊合作、不分你我、集思廣益的重要性。

而在我擔任保安局局長期間，李家超是保安局副局長，我倆可謂合作無間。李家超很勤力，凡事親力親為，而且心

思細密，綽號「頁問」並非浪得虛名。我深信他講得出做得到，真的能為特區政府建立良好的團隊文化，拿出決心和勇氣，合力破解長期困擾香港的老大難問題。他口中的「我和我們」，包括了廣大的香港市民。我鼓勵和支持他和全體市民攜手共進，一起推動香港繼續向前走。

2022 年 4 月 11 日《am730》〈黎 SIR 事務處〉

李家超埋的班

新一屆行政會議成員名單在 2022 年 6 月 22 日出爐，新民黨主席葉劉淑儀擔任行政會議召集人，我作為新民黨常務副主席，當然認為這是智者之選。葉太在政壇的地位不用我多說，而且她具備豐富的政府、政治經驗，兼具國際視野，是行政會議召集人的理想人選。至於行政會議其他成員，每一位都是社會翹楚，相信這個顧問團將會發揮很好的作用。

除了行政會議，新一屆特區政府的領導班子也已登場，六司十五局的問責司局長名單，並不如之前社會猜測的武進文退，也不是清一色政務官治港，而是兼具多元人才，做到五光十色。

論政府及公共行政經驗，名單中包括九名現屆正副局長，同時有六名資深政務官及專業職系官員轉跑道出任局長，他們都熟悉政府及公務員系統的運作，是穩打穩紮實幹派，有利於落實政策。相對地，沒有政府經驗的只有六人，這種以舊併新的組合，有利縮短整個班子的磨合期，幫助新政府儘快穩定過渡，「埋位開工」。

論文武比例，除了警察出身的候任行政長官李家超，另

外只有三人是紀律部隊出身，反映之前有說的所謂警察治港、武進文退等等，並不成立，是李家超深明用人要唯才，特區政府要文通也要武略。

我覺得新班子的另一個亮點，是有兩名政黨副主席／副會長兼立法會議員加入，他們都是資深議員，長年在地區工作，與市民有真正的交流，而且有多屆選舉經驗，我們常常說，經過選舉洗禮的人都真正懂民意，他們加入政府，便能與其他具政府經驗的司局長優勢互補，讓特區政府更準確地掌握民意。

此外，有傳媒關注這些人選是否李家超「自己埋的班」，我覺得這個問題幽默又有趣。即使是普通一家企業總裁要埋班，除了找自己熟悉的人選，請獵頭公司推薦人才也是普遍做法。何況現在是特區政府要埋班，挑選的人才要具備足夠經驗和能力帶領整個政策局，人才的來源必須是多方面的，有人推薦或背書亦不足為奇。同時，作為特區之首，李家超當然也會邀請和自己「夾得嚟」的人選，看他在記者會上特別介紹未來的特首辦主任葉文娟便可看出來，再看已公布的新班子合照，和諧而有默契，是否李家超「自己埋的班」，不言可喻。

我和李家超相識、合作多年，他為人謙和、願意聆聽意見，相信他和他的班子，將能做到「我和我們」。

2022 年 6 月 23 日　《悅傳媒》〈棟悉港情〉

家超新政

香港 7 月添新姿，感覺是充滿希望、決心和活力。首先是不得不提「七一」慶典那天，國家主席習近平送給香港「四個必須」和「四個希望」，後者明顯是給新上任的行政長官李家超訂下施政目標。這「四個希望」分別是：

第一，着力提高治理水平；

第二，不斷增強發展動能；

第三，切實排解民生憂難；

第四，共同維護和諧穩定。

懷抱着這「四個希望」，行政長官李家超在上任的第六天（2022 年 7 月 6 日）便走進立法會，進行了第一次行政長官答問大會，宣揚「家超新政」。在我看來，這位警察出身的鐵漢，表達了他的組織力和行動力，頗有新思維，又偶有金句，這個局，開得不俗。

首先，他提出以後每個月在立法會舉行「前廳交流會」，

由司長、副司長及數名局長與立法會議員就不同議題或政策範疇交流。所謂前廳，英文是 Antechamber，是立法會非正式交流意見的地方，位於立法會會議廳（Chamber）對面，本供議員小息或小聚，若在裏面談政策傾議題，倒是沒有一般會議室那麼正襟危坐，氣氛輕鬆點，大家可更暢所欲言呢。「前廳交流會」這個點子，不錯。

第二個好點子是重設中央政策組，並且改名為「特首政策組」。李家超說「我要有國家視野，要照顧香港整體利益，同樣亦要審視國際形勢，所以這是一個宏觀性的政策、決策，或者幫我決策的一個單位。」我認為他的理解十分正確，事實上，上屆政府就是因為不設中央政策組而屢遭詬病，李家超的決定反映他認清自身定位，認同政策研究的重要性，長遠而言必能提升特區政府的治理水平。

第三，李家超展示了針對目標、精準工作的行動力，宣布成立四個工作組，包括土地房屋供應統籌組、公營房屋項目行動工作組、地區事項統籌工作組，以及弱勢社群學生擺脫跨代貧窮小組。

眾所周知，土地房屋供應短缺是香港累積多年的深層次問題；這兩年疫情來襲，既暴露了區議會失效，同時突顯了地區組織的重要性；希望設立相關工作組能針對地解決問題。貧窮問題更是一直困擾港人，上屆政府以相對貧窮線作標準，對扶貧沒幫助。我探訪過很多劏房住戶，一家老少擠

在狹小的空間，小朋友吃飯玩耍做功課都擠在一張小小的摺枱，看着就心痛，因此我非常認同扶貧的重要性，這個擺脫跨代貧窮小組只是第一步，「師友配對」、「個人發展規劃」等只是基礎，之後還有很多工作要做。

此外，李家超說 seeing is believing，我也非常認同。所謂眼見為憑，我們在第一場行政長官答問大會看到他的大計，感受到他的誠意；下回，我們就要看到特區政府的工作成效——家超新政，以結果為目標。

2022 年 7 月 7 日　《悅傳媒》〈棟悉港情〉

「前廳交流會」
體驗報告

2022 年 7 月 13 日的新聞篇幅都給一個叫「前廳」的地方搶光了，皆因行政長官李家超新官上任，搞了幾把火，其中一把就是在立法會前廳辦交流會，這個點子非常新穎，風格與幾任前行政長官大不同，新鮮感滿滿。

再者，李家超是在 7 月 6 日的第一次立法會行政長官答問大會中首次提出「前廳交流會」的建議，想不到一個星期後就實現了，行動力爆燈。

既是立法會議員，我當然不會錯過這歷史性的第一次「前廳交流會」，事實也沒令人失望。由於我們有 80 多名議員那麼多，於是分了幾個時段進行。交流會沒有正規議程，沒有大長枱，不用正襟危坐，更不用鬥快撳掣輪候發言，反而有點像大學的導修堂，行政長官和正副司長分坐不同梳化堆（小組），議員自己選坐哪個堆都可以，我便揀了律政司司長林定國那堆，打開話匣子談我最喜愛的律政議題，林司長給了坦誠直接的回應，我算是滿載而歸。

除了林司長這個堆，我放眼四望，其他幾個堆的氣氛都

相當融洽，議員積極表達意見，官員務實回應，大家開門見山，討論直接到位。這種非正式交流，可以讓官員及早了解、吸納議員的意見，讓政策更加貼地到位；即使有跨局、跨部門的問題，大家也可三口六面講清講楚，總好過凡事要走官僚程序，僵化、時間拖得長，卻不能解決問題。

李家超可謂挖空心思，努力透過不同渠道來改善行政立法關係，他說希望交流會能「一變十，十變一百，一百變無限」，把行政立法關係推上「無限台階」，我十分認同，並且期望市民明白，行政立法之間不必劍拔弩張，議員更不是見官就鬧才叫「做到嘢」，大家只要抓緊機會，理性溝通，成果必更理想。

我和其他議員談起，大家都對交流會頗滿意，美中不足是時間太短，心中有話未曾講。我希望李家超能把「前廳交流會」恆常化，甚至議題化，使討論的內容更聚焦；我更希望李家超能提出更多新穎點子，只要是有助施政、為市民的福祉着想，我相信議員及市民都樂見。

2022 年 7 月 14 日 《悅傳媒》〈棟悉港情〉

政黨及
傳媒人入局

特區政府在 2022 年 7 月 22 日公布一批副局長及政治助理的委任名單，傳媒隨即把人選分類，發現八人有政黨背景，五人有傳媒背景。大家會有這觀察並不為奇，因為普遍認為政黨或議員長年在地區工作，與市民打交道，可說是站在民生最前線，往往能比特區政府更準確地掌握民意，了解市民的真正需要；至於記者則普遍給人反應快、觸覺敏銳的感覺。挑選這兩類人士加入，反映特區政府銳意讓今後施政更加貼地，也立志加強政策解說工作，這當然是好事，畢竟上屆政府就是以施政離地、解說工作差強人意而遭詬病。

此外，今屆特區政府委任的問責官員名單，也反映了「主要官員問責制度」由首位行政長官董建華在 2002 年實施以來，這 20 年來的演變。回顧問責制的初心，是董建華希望建立與他同心同德的班子，做到「民情在心，民意在握」、「為市民和社會提供更優質的公共服務」（2002 年 4 月 17 日，政府新聞稿）。後來因為政治環境變得複雜，局長工作異常繁重，第二任行政長官曾蔭權於 2008 年推行「擴大問責制」，增設了副局長及政治助理。

不過，雖然人手是多了，但是早期問責制的實施效果並不理想，例如局長與副局長權責不清，副局長沒足夠權力指揮下屬，也有副局長遭指責「不熟書」等等。政助發揮的效能更低，他們彷彿隱了形，完全沒有知名度。記得曾經有傳媒考立法會議員認得哪些政助，結果發現議員都認不到誰是誰，這反映當時的政助並沒做好政黨及議員聯繫的工作；加上政助的入職資格沒客觀標準，薪酬卻可高達 10 萬（局長的 25%–35%），因此遭受很大非議。據知後來梁振英上場一度計劃再擴大問責制，欲聘請更多年青人出任政助，不過當時政治氣氛轉差，計劃無疾而終。至於上屆林鄭月娥政府的問責官員表現如何，特區政府的整體管治水平如何，相信大家記憶猶新。

　　來到由李家超擔任行政長官的這一屆政府，問責官員的人選多元化，除了有熟知政府運作的政務官、專業職系官員及紀律部隊，也有不同範疇的學者和專家，加上立法會議員、政黨精英及傳媒人士，牌面是有實力又有活力。

　　這大半個月來，新一屆政府處理問題的手法、速度和宣傳形式也有亮點，已可看出和上屆政府的分別，官員的舉手投足也漸漸受傳媒注意，這是好的開始。所謂路遙知馬力，期望官員有韌力，施政有效能，問責制能回到初心。

2022 年 7 月 25 日《am730》〈黎 SIR 事務處〉

「一百日」之後

　　行政長官李家超上任以來，一直強調團隊精神，強調以結果為目標，強調要為香港開新篇。「一百日」轉眼即逝，2022年10月8日那天，李家超在「面書」上載題為〈同開新篇「一百日」〉的帖文，羅列了他上任以來各項工作的進展，儼然一份迷你工作報告。

　　的確，新一屆特區政府上場後，努力不懈地做了不少工作，特別是在抗疫方面，首先是果斷取消航班熔斷機制，繼而推出紅碼黃碼，把入境檢疫日數先後放寬至「3＋4」及「0＋3」，把疫苗通行證的適用年齡下調至5歲起，推出親子疫苗通行證，還有從10月6日起放寬了部分社交距離措施等等，這些都是香港在目前的疫境下有節有序的決定。

　　上述措施陸續推出後，社會回響不俗，特別是熱愛旅遊的港人隨即訂機票要飛出去抖氣，航空公司也迅速調動資源及請人，需要在短時間內回復運力；茶樓食肆壽筵喜酌生意回升；香港世界桌球大師賽也在這幾天舉行，引起不少關注，社會重燃生氣活力。當然，復常之路阻且長，「0＋3」之後，又有「0＋0」以至取消「安心出行」等其他要求，

而香港仍然未能與內地通關,「逆隔離」能否成事又未可知,這些都是李家超在上任「一百日」之後,要繼續爭取的。

另一方面,因應土地房屋供應短缺是香港的老大難問題,李家超在上任後便成立了「土地及房屋供應統籌組」和「公營房屋項目行動工作組」這兩個分別由財政司司長及副司長帶領的工作組。李家超的帖文說已收到司局長提交的「百日報告」,裏面有關於建屋造地「提速、提效、提量、提質」的多項建議。造地建屋需時,究竟司局長們的「百日報告」有甚麼創新思維?大抵要等 10 月 19 日李家超宣讀《施政報告》才有分曉。我希望李家超吸納新民黨的建議,包括發展南丫島上的前南丫石礦場。真是不說不知,前南丫石礦場位置便利,前往港島南區只需要十多分鐘船程,而且特區政府早於 2012 年已做過「南丫島索罟灣前南丫石礦場未來土地用途發展規劃及工程研究——可行性研究」,只是後來擱置了計劃,白白浪費這幅土地,既然如今土地房屋供應要「提速、提量」,前南丫石礦場這幅用地便可派上用場。

另一個近期熱議的焦點,是香港如何搶奪世界人才。正如我在電台節目《星期六問責》(2022 年 10 月 8 日)所建議,特區政府要改變各項人才入境計劃的被動思維,改由司長或副司長領導統籌各政策局,界定重點行業,設定人才清單,制訂優惠政策,主動出擊,往全球搶奪目標企業及人才,並且要提供一條龍式服務,簡化手續,協助落戶。李家超也在帖文預告了,《施政報告》會提出「搶企業、搶人才」

的政策，我和社會大眾同樣引頸以待。

　　新政府上場總有蜜月期，根據香港民意研究所的 8 月民調，市民對李家超的評分上升至 54.9 分，民望淨值為 12%。但是蜜月期轉眼即逝，「百日報告」之後，還有很多個「一百日」，挑戰亦會陸續有來，但願李家超和他的團隊，「用行動解決分歧，用結果爭取信任，以成績累積互信」能夠燦爛地開花結果。

2022 年 10 月 10 日《am730》〈黎 SIR 事務處〉

特區政府
提高宣傳效能

　　土耳其大地震，特區政府火速組織派遣共 49 人的救援隊，遠赴土耳其加入救援工作。地震現場環境之惡劣，救援過程之艱巨，一般人難以想像，但是救援隊仍然成功救出四人，實在值得嘉許。救援隊奮戰了九天，終於在 2023 年 2 月 17 日安全回歸，先抵達北京，再返回香港。特區政府高規格迎接救援隊歸來，首先是由政務司司長陳國基、保安局局長鄧炳強親赴北京接機，再陪同救援隊一起回港，而行政長官李家超則聯同其他官員在香港國際機場舉行隆重的歡迎儀式，並且全程直播，讓廣大市民一起向救援隊致敬。特區政府這次的安排，高調又高規格，不單是嘉許了救援隊的努力，更是向全港市民展示了團結、大愛、救人如救火等等的正面價值觀，獲得廣泛好評。

　　和上屆政府比起來，新一屆政府上任大半年，花了不少心思在公關宣傳的工作上，這次高調接機便是其中一個例子。最直接來說，這大半年來，行政長官不遺餘力地親自在鏡頭前解釋政策，例如抗疫和通關，李家超擅於以誠懇務實的言詞表達理念，沒說過甚麼讓市民感到冒犯的話。另一個例子是向全世界宣揚香港魅力的宣傳片 Hello Hong Kong，

行政長官再一次親自上陣外，還邀請影視歌星粉墨登場載歌載舞，展現香港的獨特活力，其中一個版本的觀看次數已逾千萬，成績不俗。

此外，各位司局長和官員也較往屆活躍，頻密地與傳媒打交道，出席電台電視的訪談節目，另外也有積極落區，向市民大眾解釋政策。好像最近有關隧道「易通行」的爭議，運輸署署長羅淑佩便持續出席傳媒節目解畫；商務及經濟發展局局長丘應樺也聯同立法會議員落區擺街站宣傳電話卡實名登記，所謂潤物細無聲，我相信這些努力是不會白費的。

社交媒體的活躍運用更不在話下，除了行政長官以身作則，積極更新「面書」，快速回應社會事件，各政策局及司局長也以「面書」專頁或網誌來向公眾匯報工作，拍片、「出PO」多了很多，讓公眾更了解各政策局的工作。別忘了「添馬台」專頁，緊隨特區政府的步伐，出了大量網圖、懶人包。

凡此種種均反映特區政府在宣傳、解說工作的努力，不過，更佳的宣傳都要建基在務實有為的實際工作上，若過分注重宣傳便會過猶不及，未來的日子，但願特區政府維持雙軌並行，既做好實務工作，又做到強效宣傳。

2023 年 2 月 20 日《am730》〈黎 SIR 事務處〉

搶奪人才，
香港慢不得

當香港仍聚焦眼前的抗疫工作，一向被視為競爭對手的新加坡已把眼光放遠，着眼疫後發展，果斷推出「海外網絡和專業簽證」（Overseas Networks & Expertise Pass）計劃，務求爭奪全球的頂尖人才。新加坡人力部長兼貿工部第二部長陳詩龍明確點出，新計劃是為了強化新加坡作為全球人才中心的地位，不能讓投資者質疑新加坡在疫後不會保持開放，而新加坡總理李顯龍更強調他們「絕不能落後於人」，態度積極進取。

上述報導一出，引發社會對香港人才政策的討論。行政長官李家超說會在 2022 年 10 月公布的《施政報告》中推出搶人才措施。我認為在那之前，特區政府首先要檢視目前各項輸入人才計劃的局限及成效，看看數據，解構狀況，才能對症下藥，重鎚出擊。

不說不知，其實香港一直有推出不同類型的境外人士來港工作計劃，包括「一般就業政策」、「輸入內地人才計劃」、「優秀人才入境計劃」、「非本地畢業生留港／回港就業安排」、「輸入中國籍香港永久性居民第二代計劃」，以及「科

技人才入境計劃」等等。不過近三年的數據顯示,各項計劃的申請及獲批人數均大幅下跌,例如以吸引專業人士為主的「一般就業政策」的申請人數由 2019 年的 45288 人,大幅下跌至 2021 年的 7539 人（2021 年的獲批人數為 6471 人）;而為高技術優才而設的「優秀人才入境計劃」的申請人數也由 2019 年的 5896 人,下跌至 2021 年的 2489 人,2021 年的獲批人數更只有 906 人;至於 2018 年始推出的「科技人才入境計劃」,2021 年只有 38 人申請,36 人獲批。這些數據除了反映在嚴峻的疫情下,香港對海外人才的吸引力銳減,也反映香港在輸入人才方面的局限性。

首先,特區政府長期以來均沒仔細研究哪些行業最缺乏人才,沒選定重點扶持行業,因此也沒制訂針對性的行業人才政策,後來雖然在 2018 年推出了「人才清單」綜合計分制,但是對於海外人才的吸引力不大。另方面,個別缺乏人手的專業卻因種種制度掣肘未能補充足夠人才,前線醫護長期人手不足便是例子。

第二,特區政府一直依賴入境事務處負責審批工作簽證,可是顧名思義,入境事務處是負責入境事務,工作目標是管制人口,任務是把關而非推廣,所以海外人才申請工作簽證的條件之一是要有僱主。再者,哪些行業最缺人才,企業缺乏甚麼人才,去哪裏找人才,人才的薪酬水平等等皆不是入境事務處的專長,在審批過程中屢屢要諮詢其他政策局,審批效率自然大打折扣。

其實除了新加坡的「海外網絡和專業簽證」特別搶眼球，英國、加拿大、德國，以至泰國、阿聯酋等地方已先後推出吸引海外人才的計劃，疫後全球人才搶奪戰經已開始，香港實在慢不得，而且這是龐大的行動，不是單一兩個政策局掛帥便可搞定，行政長官應成立高層次專責工作組主理。有報導指將由勞工及福利局局長孫玉菡負責擬訂大框架，我認為應該有更多政策局參與獻計才可。

　　總結而言，特區政府要吸引海外人才來港，首先要找出香港本身的吸引力，界定哪些是特別缺乏人才的行業及職位，然後是制訂針對性的優惠政策，並且提供完善的配套誘因，除了薪酬，還有住屋環境、子女教育、內地往來便利等等，此外更要簡化審批程序，主動獵頭，而非以管制為目標。

2022 年 9 月 1 日　《悅傳媒》〈棟悉港情〉

成立
「搶奪人才辦公室」

　　距離行政長官李家超宣讀《施政報告》還有兩星期，在那之前，除了「0＋0」等復常訴求炒得火熱，另一個熱門話題就是香港該怎樣搶奪世界人才，眼看新加坡等國家那麼積極出招，香港若再歎慢板便落後難追。新民黨早於 2022年 9 月 15 日向行政長官遞交了《施政報告》建議書，當中〈全面改革人才政策〉的篇幅落墨甚豐，提出了多項建議。

　　首先，特區政府必須放下過去以入境事務處作為引入人才的主導部門的做法，畢竟入境處官員向來是負責管制外來人口，而非吸納人才的專家。特區政府要積極進取、主動出擊！因此，我建議成立由司長或副司長領軍的高層次「搶奪人才辦公室」，由上而下，設定目標、制訂策略，統籌協調各政策局甚至機構、企業、組織，有橋出橋，有力出力，衝出世界搶人去。

　　第二，過去入境處推出的「一般就業政策」、「輸入內地人才計劃」、「優秀人才入境計劃」、「非本地畢業生留港／回港就業安排」、「輸入中國籍香港永久性居民第二代計劃」，以及「科技人才入境計劃」等等，似乎太過籠統被動，

而且審批過程相當繁複，例如要企業證明空缺職位在香港請不到人，申請人又要證明已經有香港僱主聘用等等。

以往推出的人才入境計劃主要是以人為單位，特區政府並沒選定重點扶持行業，雖然在 2018 年推出了「人才清單」綜合計分制，但是成效有限。因此，「搶奪人才辦公室」要透視香港的實際需要，例如根據國家《十四五規劃綱要》為香港劃下的八大中心定位（國際金融中心、國際航運中心、國際貿易中心、亞太區國際法律及解決爭議服務中心、國際航空樞紐、國際創新科技中心、區域知識產權貿易中心及中外文化藝術交流中心），火速謀劃，找出缺乏人才的行業、工種及職位，定出針對需要的「人才清單」，主動物色及鎖定目標企業及人選，拿着「清單」獵頭去。

第三，但是講來講去，特區政府要解答最關鍵的問題，香港拿甚麼吸引境外人才？我認為優惠與服務同樣重要。優惠方面，新民黨提出放寬境外人才首置限制，建議修改《印花稅條例》（第 117 章）規定，若來港人才在香港工作及居住滿三年，首次置業者可獲豁免繳交買家印花稅（若來港人才在住滿七年前離開，則需補交印花稅差額，否則「釘契」）。我們亦建議擴大受養人涵蓋範圍，除了伴侶及子女外，父母也可以申請簽證來港定居。此外當然要放寬入境要求，簡化手續，毋須先有香港僱主聘用證明，同時也要加快審批速度等等，如此這般，才能夠提高香港的吸引力。

服務方面，一句講晒，「搶奪人才辦公室」要提供一條龍式服務，由獵頭開始，為目標企業或人才提供全方位配套，協助他們辦理各項申請、找地方住、為子女安排合適學校，以至聘用外傭等等，總之就是愈便利，愈起勁！

2022 年 10 月 6 日　《悅傳媒》〈棟悉港情〉

儘快搶奪
領軍人才

　　總書記習近平在「二十大」報告中強調要「科教興國」，點出「教育、科技、人才是全面建設社會主義現代化國家的基礎性、戰略性支撐。必須堅持科技是第一生產力、人才是第一資源、創新是第一動力」，目標是要「把各方面優秀人才集聚到黨和人民事業中來」，「聚天下英才而用之」。

　　特別要注意的是，總書記習近平提到「人才引領驅動」，是指有能力帶領轉變的高端人才、領軍人才，例如中國著名結構生物學家、美國普林斯頓大學顏寧教授。2022 年 11 月 1 日，顏寧教授在「深圳全球創新人才論壇」中以「歸去來兮」為主題演講，並且宣布，自己將辭掉美國普林斯頓大學的教職，回國創建深圳醫學科學院，並出任創始院長。

　　根據報導，《中共中央國務院關於支持深圳建設中國特色社會主義先行示範區的意見》（2019 年）要求建設全新機制的醫學科學院。之後，深圳市政府在 2021 年發表《深圳醫學科學院建設方案》，以「專款專用」的方式打造這所全新的醫學研究機構，院長之職全球招聘，最終吸納了顏寧教授。顏寧教授的聘任反映深圳正朝着「強化國家戰略科技

力量」的目標進發，而且在「完善人才戰略佈局」方面佔了先機。

顏寧教授的委任不單在內地引發巨大回響，在香港也引起陣陣漣漪。香港科技大學經濟系榮譽教授雷鼎鳴在 11 月 4 日的「灼見名家週年論壇暨八週年慶典」中，表示科大本來邀請顏寧教授來港出任科大理學院院長，現在看來是一場空。立法會也有過討論，議員十分關注香港在創科發展、在搶奪人才等各方面都慢人一步，理想達不到。

行政長官李家超在《施政報告》第四部分〈不斷增強發展動能〉中，花了不少筆墨說要「搶企業、搶人才」，包括成立「引進重點企業辦公室」、成立「人才服務窗口」、成立各地經貿辦「招商引才專組」，除了優化各個輸入人才計劃，亦會推出新的「高端人才通行證計劃」等等。不過，類似顏寧教授這些國家級領軍人才，恐怕這些計劃仍未沾邊。

特區政府若要成功招攬這些領軍人才，甚至引入對方整個團隊，必須提供足夠的靈活性、足夠的資金，足夠的配置，足夠的願景，讓整個團隊在香港安頓下來。特區政府也要儘快選定聚焦哪些高新產業，更新人才清單，全力出擊。此外，最近有報導指華裔學者、科學家在美國飽受磨難，不少學者希望離開美國另謀發展，在我看來，這正是香港的契機，特區政府務必儘快向他們招手。

2022 年 11 月 5 日《am730》〈黎 SIR 事務處〉

支持重啟
「資本投資者入境計劃」

　　財政司司長陳茂波發表 2023–2024 年度《財政預算案》，當中接納了多項新民黨的建議，包括徵收更多足球博彩稅、調節住宅印花稅、優化子女免稅額、發放額外綜援、重啟「資本投資者入境計劃」及推廣遙距視像診症服務等等。徵收額外足球博彩稅引起馬會反彈，坊間也熱烈討論，本篇不贅；反之，本篇集中討論將對香港經濟發展有深刻影響的「資本投資者入境計劃」。

　　不說不知，其實「資本投資者入境計劃」久已有之，並非新事。特區政府早於 2003 年已推出「資本投資者入境計劃」，吸引投資移民來港，其時我是入境事務處處長。後來，該計劃幾度演變，例如在「獲許投資資產類別」剔除了房地產，入場門檻也由 650 萬港元提升至 1000 萬港元。再後來，計劃在 2015 年暫停，至今一停八年。

　　來到今天，世界各地政府都尋求疫後搶資金搶人才，香港不能滯後，我認為是時候重啟並優化「資本投資者入境計劃」，以吸引更多資金落戶香港，利好香港的長遠發展。

首先，入場門檻需要與時並進，我們建議入場資本由 1000 萬港元增至 2000 萬港元，這要求與鄰近地區相類計劃的要求相近，可維持香港的競爭力。

第二，吸納的資金必須配合香港未來的產業規劃及發展，因此，我們建議特區政府重新檢視「獲許投資資產類別」，更新清單，規定投資者將部分資金投放在綠色金融、虛擬資產及創新科技等範疇，讓優勢產業有長足發展。

此外，《財政預算案》列明「資本投資者入境計劃」的「申請人須將一定金額的資產，投放在本地市場，但不包括物業投資」，我們非常認同。目前特區政府並未公布相關計劃詳細，期望財政司司長仔細考慮上述建議，納入新的「資本投資者入境計劃」中。

鼓勵冷藏精子卵子

2022 年 9 月 15 日，新民黨約晤了行政長官李家超，提交了今年度的《施政報告》建議書，並且召開了記者會，向傳媒及公眾講解我們的建議。不是賣花讚花香，新民黨向來強於政策研究，今年的建議書就有 25 頁，具體羅列推動大灣區發展、完善人口政策、如何吸納境外人才，以至加速推動金融經濟發展等十大範疇、數十項建議，當中有幾項成功搶到傳媒及公眾的眼球，我在這裏解釋一下。

首先，香港人口下跌是眾所周知的事實，我們面對人口老化，出生率下降，年輕勞動力銳減等現象。根據統計，香港在 2033 年將有 30% 的人口為 65 歲以上，因此，我們必須未雨綢繆，為迎來老齡化社會做好準備。我們建議特區政府劃一「長者」的標準年齡，革新「長者」概念，長者政策也要重新定位，不要把長者視為福利開支負擔，反之要活化其生產力，例如開拓銀髮市場，並且統一延後退休年齡至 65 歲，讓具經驗具能力的勞動力繼續活躍於市場。

同時，鑑於香港生育率處於全球最低水平，我們要鼓勵生育，建議特區政府向新生兒父母提供 2 萬元「新生嬰兒現

金資助」，也要優化子女免稅額，推動家庭友善措施，加強社區託兒服務等。

另外，我們留意到很多已到適婚或生育年齡的女性（男性亦然），因為處於工作衝刺期或經濟條件限制等等原因，寧願延遲結婚甚至延遲生育，但是待他們具備客觀條件時，可能身體條件已追不上。這種現象長遠來說自然不利增加社會人口。因此，我們鼓勵有需要人士使用輔助生殖科技，例如在年輕時冷藏卵子及精子，待決定生育時取出使用。

現時香港有《人類生殖科技（牌照）規例》作相關規管，公營醫院有提供輔助生殖科技服務，但是輪候時間極長，而私營機構則收費高昂，一般市民未必能夠負擔。我們建議特區政府為選擇使用卵子及精子冷藏服務的人士提供 5 萬元津貼，鼓勵市民在年輕時使用冷藏卵子及精子的服務，可在婚姻、生育與事業之間作出更彈性的計劃。我們也建議研究放寬守則，延長卵子及精子的儲存期限（目前為十年），讓市民在人生不同階段作出適合的家庭計劃。

這個嶄新的建議甚具前瞻性，葉太在記者會上發表過後，獲得不少傳媒關注及報導，網上也熱烈討論。或許有意見會認為這個建議過於大膽，但其實英國、新加坡、日本等地方都有類似的法例及措施，香港本地是時候展開討論。

2022 年 9 月 19 日《am730》〈黎 SIR 事務處〉

向財爺提建議

　　香港在挺過三年疫情後，目前社會已建立防護屏障並邁向復常，眾多抗疫措施已取消得九九十十，2023 年 1 月 30 日起連確診隔離也會取消，屆時便只餘口罩令了。同時，香港已和內地有序推進免檢疫通關，很多港人北上探親度歲，也有內地朋友來港旅遊購物，廣東道也再現人龍，處處都象徵兔年有好開始。我自己則和新民黨黨友們於新春期間落區，向街坊拜年，派贈金幣和福袋等等，祝街坊萬事如意，兔年大吉。

　　新民黨更是馬不停蹄，在年初五拉大隊會見財政司司長，提交了我們有關《財政預算案》的建議，期望財政司司長接納我們的提議，造福廣大市民。我們的建議包括：

　　一、主張以稅務措施帶動交投及增加收入，包括取消物業交易雙倍印花稅、下調股票印花稅至 0.1%。

　　二、上調足球博彩稅至 80%，並以公眾利益為前提，檢視由賽馬會壟斷市場的利弊。

　　三、為鼓勵生育，向選擇使用體外人工受精（IVF）、

胚胎移植及冷藏卵子及精子等輔助生殖科技的香港市民提供5萬元津貼；研究放寬現有守則，延長卵子及精子的儲存期限，讓市民在人生不同階段可靈活進行家庭規劃。

四、向每名新生嬰兒的父母派發「新生嬰兒現金資助」2萬元。

五、將聘用外傭加入為扣稅項目，最高限額為 5.5 萬元。

六、加強監察「長者及合資格殘疾人士公共交通票價優惠計劃」（「二元優惠計劃」）的開支，打擊濫用和「長車短搭」，確保公共資源用得其所。

七、重啟「資本投資者入境計劃」，上調投資資產要求至 2000 萬元，同時要求申請者必須將一定比例的資金投放在綠色金融、虛擬資產及創新科技等範疇。

八、推動人民幣及港幣數碼化，與央行合作推動數碼化貨幣交易結算平台，提升金融安全，促進互聯互通，加強香港的國際競爭力。

九、促進證券市場多元發展，加快檢討創業板，研究成立新交易市場，為中小企提供全新融資渠道，提高本港證券市場的吸引力及競爭力。

十、完善與兩地專業資格互認機制，讓香港專業人士通

過統一考試，取得在大灣區內執業資格，協助推動大灣區專業服務現代化。

十一、推動香港成為大灣區綜合食品貿易中心，包括設立前置清關機制、建立全程溯源系統等等。

十二、結合中小企服務中心及「中小企資援組」職能，提供一站式會計、法律、融資、仲裁調解、牌照申請及資助申請專業支援，協助中小企發展。

十三、關顧基層弱勢，建議綜援出「雙糧」、發放「N無人士」津貼、公屋免租一個月及通過「現金津貼試行計劃」，向合資格劏房租戶或正居於惡劣環境的人士發放一個月額外津貼。

十四、要求增加對關愛隊的資助，以加強基層治理。

十五、建議設立由特區政府營運的社區家庭調解中心，提供收費合理的調解服務，減少市民間的法律紛爭，促進社區和諧。

2023 年 1 月 27 日　《悅傳媒》〈棟悉港情〉

上調足球博彩稅
增加政府收入

這星期，傳媒對各類《財政預算案》建議都有討論，例如派不派錢、派不派消費券、應否增加足球博彩稅等等。其中有關消費券的討論五花八門，我們新民黨是少數力排眾議，認為目前不適宜再派消費券的。

新民黨是在 2019 年最早提出向全港市民派發本地消費券的，因為那時候特區政府有豐厚的儲備，而市面卻因為經歷黑暴等折磨而開始蕭條，我們認為消費券可限定市民在本地消費，從而帶動經濟活動，是提振經濟的有效措施，因此向特區政府建議。猶記得最初特區政府不敢做不願做，以各種行政、技術理由推搪。拖拉至 2021 年，在新冠疫情重擊經濟下，特區政府才終於夠膽踏出一步，向市民派發消費券，當時的確有把經濟帶動起來，為低沉的社會氣氛注入生氣。但是，消費券不應是恆常措施。

來到 2023 年的今日，香港邁向全面通關、復常，經濟活動恢復，旅遊業、飲食業、零售業與其他行業都活躍起來，經濟穩步復甦，消費券對於提振經濟的作用已不大。再者，環球經濟正進入低增長、高通脹、高利息的嚴峻階段，

而特區政府已連續三年財赤，財政儲備已由 2018 年的過萬億，下跌至如今約 6000 億，在這樣的條件下，特區政府更應審時度勢，資源應用得其所，派發消費券並不合宜。

當然，我明白對市民而言，「有錢落袋」總是高興的，但我更希望市民明白，消費券並不是恆常措施，特區政府要精準地分配資源，才是對整體社會有利。

此外，特區政府應在開源方面多想想，包括怎樣增加稅收。新民黨連續三年提議上調足球博彩稅，因為過去十年，賽馬投注總額只增加了 21%，但是足球博彩的本地投注總額激增了 184%，更自 2019 年起超越了賽馬投注總額，為馬會帶來豐厚的純利及佣金，馬會慈善信託基金的結餘已累積達 436 億元！因此，我們認為足球博彩稅大有上調空間。我們建議把足球博彩稅由現時的 50% 增至 80%，粗略估算，這樣可為特區政府的博彩稅收入（每年）增加 59 億元。換句話說，特區政府便可有更多資源幫助有需要的市民，何樂而不為。

馬會對於這建議反應激烈，甚至在深夜發長稿反駁。其實增加博彩稅早有先例，特區政府在過去曾經兩次增加博彩稅來增加收入，說明並非不能為之，希望財政司司長慎重考慮。

2023 年 2 月 2 日　《悅傳媒》〈棟悉港情〉

額外足球博彩稅，
符最大公眾利益

　　財政司司長於 2023 年 2 月 22 日宣讀了 2023-2024 年度《財政預算案》，當中包括向賽馬會徵收每年 24 億元「額外足球博彩稅」，為期五年。預算案一出，賽馬會隨即發出新聞稿，力指「有關新措施將嚴重影響馬會對外的慈善信託基金撥款能力，並使到其收入大幅減少，影響其綜合營運模式，減低全球的持續競爭力」。反應之大，引起社會回響。

　　賽馬會指增加博彩稅將嚴重影響其慈善信託基金的撥款能力，我認為理據不足。我們可看看賽馬會慈善信託基金的數據。翻查一下便知道，原來《財政預算案》公布前，賽馬會於 1 月 26 日已就增加足球博彩稅的建議出過新聞稿，指其慈善信託基金在 2021-2022 年度批出高達 66 億港元的撥款。豈料事隔不足一個月，《財政預算案》公布，賽馬會當天（2 月 22 日）的新聞稿上的撥款總數來個「大縮水」，説 2021-2022 年度其慈善信託基金撥款為 45 億港元。

享壟斷優勢　繳較高稅款合理

　　同樣是 2021-2022 年度慈善信託基金批出的撥款，為何

兩份新聞稿載列的金額會相差 21 億元？須知道賽馬會並非一間單純的私營企業，其業務有公共性質，有責任向公眾交待清楚。

此外，賽馬會也是香港最大的單一納稅機構。賽馬會的純利由 2014 年度的 97.8 億港元大幅上升至 2022 年度的 152.8 億港元，增長達 56%，反映即使增加稅收，賽馬會的財政仍有大額盈餘，而新增的五年稅收，將為特區政府帶來合計 120 億港元收入，讓特區政府可把更多資源投放在適合的用途上，造福廣大市民。因此，我認為特區政府向賽馬會徵收額外足球博彩稅，是符合最大的公眾利益。

有指香港的博彩稅屬全球最高，增加額外稅項將「大幅減低賽馬會於全球的持續競爭力」，我對此說法有所保留。引用英國博彩市場作參考，英國的賽馬博彩稅率為利潤的 15%；而香港賽馬博彩稅率介乎 72.5% 至 75%，表面上稅率較英國為高。但值得留意的是，賽馬會是全港唯一一間獲政府發牌的博彩非牟利機構，獨攬了香港所有合法博彩的生意。反觀英國容許多間博彩企業同時營運，2022 年英國的博彩公司超過 6000 間，可見進入英國博彩市場的門檻相當低，競爭相當大，而且英國的利得稅率也遠高於香港。香港賽馬會既然享受壟斷市場的優勢，繳納較高稅款，我認為合情合理。正因如此，新民黨提出增加足球博彩稅，加上足球博彩營運成本較賽馬低，而目前足球博彩稅率只是 50%，新民黨認為即使增加足球博彩稅率，對賽馬會的博彩總收入不

會有大影響，是在減低民生影響下、增加特區政府收入的最佳方案。

投注額一直平穩　未見持續下降

回顧歷史，賽馬會多次以「賽馬博彩投注額持續下降」為由，向特區政府提出改革要求。特區政府亦採納其建議，例如於 2006 年修訂《博彩稅條例》，由按投注額徵收稅項，改為按毛利（即投注額減去派彩）徵收。2020 年，特區政府批准賽馬會增加越洋轉播賽日數目，由每年 23 日增至 37 日，同時批准於夏季歇暑時轉播更多外國賽馬及足球賽事，讓賽馬會有關投注額大幅上升 47.9% 至 94 億港元。翻查過去五年的投注額紀錄，賽馬方面投注額一直保持平穩，看不出來有「投注額持續下降」的情況。

足球博彩收入的增長由 2016 年的 119 億港元大幅上升至 2022 年的 197 億港元，更別說其慈善信託基金儲備十年內上升了 110% 至 460 億元。退一步看看，假設未來五年賽馬會的收入和支出維持不變，支付額外足球博彩稅的後果是賽馬會慈善信託基金儲備會下降到 340 億元，仍然是很龐大和非常健康的數目。作為香港最大規模的機構之一，相信賽馬會有能力透過改善管治或優化業務模式等手段，應付日後需繳交的額外稅款。

盼配合政府　社會福祉為依歸

　　正如財政司司長於《財政預算案》所言，「香港經濟正值復甦初段，市民和不少企業仍然承受相當壓力。」特區政府正面臨財政壓力，按社會需要徵收額外稅項，只是資源再分配的手段，最終也是用在基層及廣大市民身上。這些撥款受立法會監察，具透明度。反觀賽馬會慈善信託基金涉及的撥款項目每每以百萬元計的金額，審批過程完全不受公眾監察，只是在年報中披露少量內容。賽馬會與其靠發聲明大聲疾呼，不如認真檢討及改善運作，這樣對賽馬會及公眾的裨益相信更大。

　　總括而言，賽馬會應與特區政府的目標保持一致。由始至終，賽馬會並非私人企業，公共利益應高於機構利益。我寄語賽馬會，宜盡力理解並配合特區政府的要求，以社會民生福祉為依歸。特區政府這次徵收額外博彩稅，為的是全港市民的福祉。賽馬會亦應借這次機會，積極檢討及改革內部結構及運作，努力為全港市民提供更優質更完善的服務，為國家和特區效力。

2023 年 3 月 13 日《經濟日報》

親訪劏房戶，
幫得就幫

香港劏房問題嚴重，已是不爭的事實，根據 2021 年 3 月公布的《「劏房」租務管制研究工作小組報告》，估算於 2020 年，全港有約 226,340 人居於劏房，人均居所樓面面積中位數只有 6.6 平方米，實在非常擠逼，再加上劏房租金過貴，環境衞生惡劣，情況非常不堪，特別是對於兒童成長，非常不利。

2022 年 5 月 13 日，我聯同新民黨的社區發展主任孔永業，一起探望了上水區好些劏房戶，雖然這已非我首次踏足劏房，但是感受仍然非常深刻，甚至覺得難過。我們首先去到上水一幢唐樓，本身並不大的單位卻劏成七間劏房，走廊非常狹窄，門上有橫樑壓頂，我要彎着腰才能走進去。「一劏七」後，每間劏房只有不足 50 呎，碌架牀上堆滿雜物，餘下僅有的空間也放不下其他東西了，我們送上的抗疫物資亦只能放在門外。

其中一間劏房內住着一位婆婆，只見她一個人寂寞地坐在牀上，傾談下知道她行動不便，連出入也有困難，每天就是望天打掛，令人心酸。另一間劏房則住着一對母

子，長期疫情下學校「提早放暑假」、社區兒童暫託服務停頓，這位單親媽媽為了照顧幼兒，已有一段時間沒有工作，生計大受影響，甚至連租金也負擔不起。這對母子擠在狹小的劏房內，連張椅子也沒有，我就坐在地墊上和他們傾談，其他人也只能擠在走廊上。他們的經濟情況非常差，兒子就別說能參加甚麼課外活動或興趣班了，主要「活動」還是和媽媽大眼瞪小眼，吃飯做功課也是擠在同一張小摺枱上。

香港有 20 多萬人居於劏房，像這位婆婆或母子的情況，只是冰山一角。新民黨作為政黨，當然會盡己所能，盡力幫忙，例如為他們籌集租金，亦會定期送上食物和抗疫物資。此外，新民黨和聚賢薈合作，在西環堅尼地城推出過渡性房屋計劃，讓有需要的家庭入住。我們的項目雖然規模不大，提供的單位不多，至少窗明几淨，無論如何也比劏房理想。我們本着「幫得就幫」的心意，希望能讓基層家庭改善居住環境，讓孩子有較適切的生活及學習空間。目前已有若干家庭成功申請及入伙，希望他們展開美好的新生活。

不過，政黨及民間組織的力量終究有限，這些遠遠不夠，劏房戶真正需要的，是特區政府在政策上的支援，提供工作機會，改善經濟水平，更重要的當然是提供更多公營房屋單位，讓他們儘快「上樓」。猶記得 2021 年國慶前夕，時任中聯辦主任駱惠寧親自落區探望劏房戶，當時他便慨

嘆「耳聞不如目睹啊!」,港澳辦主任夏寶龍更明言香港要「告別劏房」,可見問題之嚴重。現在新一任行政長官經已選出,期望李家超能做到在土地房屋供應方面「提速提效提量」,真正讓劏房戶「告別劏房」。

2022 年 5 月 16 日《am730》〈黎 SIR 事務處〉

探望過渡性
房屋單位住戶

香港房屋嚴重短缺已是老掉大牙的問題，申請「上樓」的公屋輪候冊長年有人滿之患，截至 2022 年 3 月，輪候冊上有約 14 萬宗申請，平均輪候時間已逾六年！社會上有 20 多萬人擠住環境十分差的劏房，生活條件惡劣。雖然港澳辦主任夏寶龍明言香港要「告別劏房」，但是覓地、造地、建屋並非一時三刻的事，香港要長遠地解決住屋問題，特區政府任重道遠。

上屆政府於 2018 年起推動發展過渡性房屋，當時的運輸及房屋局成立了「過渡性房屋專責小組」，向立法會財務委員會成功爭取撥款 50 億元（2020 年 3 月 6 日），設立「支援非政府機構推行過渡性房屋項目的資助計劃」（下稱「資助計劃」），期望透過社會上非政府機構的力量，集腋成裘，某程度上加快增加房屋供應，至少能幫助一些基層市民改善居住環境。根據立法會文件 CB（1）319/2022（05）號，「資助計劃」先後三次獲得立法會通過撥款，除了首次撥款 50 億元，第二次（2021 年 4 月 28 日）及第三次（2022 年 5 月 4 日）分別撥款 33 億元，即合共 116 億元，整體目標是在未來數年內提供 2 萬個過渡性房屋單位。

2 萬個過渡性房屋單位，說多不多，說少不少。截至 2022 年 5 月，「資助計劃」合共批出 40 個項目予多個非政府機構籌建及營運，合共提供大約 17000 個單位。當中，新民黨及聚賢薈亦履行社會責任，負責堅尼地城北街及厚和街的項目，翻新 16 個空置住宅單位，以相對低廉的租金，租予合資格的低收入家庭入住。

2022 年 8 月初，我便到北街及厚和街探望已入住的家庭，了解他們的生活情況。

年屆 75 歲的陳先生，身患腎病，需要每天自行洗腎三次，身體頗為虛弱。他訴說之前住的劏房只有 90 呎，只能容納四位成年人企立，洗腎相當困難。現在我們安排他們與另一家庭共住在同一樓層，有共用的客廳及廚廁，地方比以前的劏房闊落，窗明几淨，而且有足夠的空間洗腎，養病、休息的心情也會好一點。

以往擠住北角劏房的鄧先生一家四口，如今入住了厚和街的單位。現在他們這個家，面積與公屋單位相若，光猛闊落，小朋友有地方做功課、溫習，生活環境得到改善，而且小朋友生性活潑，他們喜歡走上走落，經常到辦事處玩耍，和職員打成一片。看見小朋友的笑臉，我也感到十分欣慰。鄧家已經輪候公屋多年，希望他們早日獲編公屋，讓小朋友有長遠而安定的發展。

新民黨及聚賢薈在北街及厚和街的項目只有 16 個過渡性房屋單位，對於萬千基層家庭而言，連杯水車薪都說不上，但是我們不會就此停下來，我們正在籌辦另一個過渡性房屋項目，希望幫助更多低收入家庭改善居住環境。特區政府更加不能慢下來，行政長官李家超已成立「土地房屋供應統籌組」及「公營房屋項目行動工作組」，期望兩個小組快點拿出成績來，為房屋供應「提速、提效、提量」。

2022 年 8 月 8 日《am730》〈黎 SIR 事務處〉

「簡約公屋」
迎來嚴峻挑戰

多年來，香港深受土地房屋短缺的問題困擾，很多基層市民住在不適切單位內，以致歷屆政府均視「增加土地供應」為施政目標之一。然而，這麼多年過去，劏房戶、籠屋居民仍然居於水深火熱的環境中。2022 年 7 月 10 日，剛走馬上任的房屋局局長何永賢親身探訪深水埗劏房及籠屋住戶，及後她於網誌上表示：「希望協助這批基層住戶，儘快為他們提供適切的居所，做到『民有所呼，我有所應』。」

2022 年底，特區政府迅速推出「簡約公屋」方案，並公布落實興建 3 萬個「簡約公屋」單位，目標是讓輪候傳統公屋三年或以上的市民申請入住五年，然後「直上公屋」。對於基層市民而言，「簡約公屋」方案似乎是一絲曙光，也是局長履行承諾的機會。

然而，特區政府公布有關「簡約公屋」的詳情後，不同持份者紛紛對落實計劃表示反對和質疑。有啟德居民反對特區政府用原先規劃的「商業用地」來興建「簡約公屋」；有環保團體反對選址鄰近濕地；亦有議員質疑「簡約公屋」不符成本效益等等。2023 年 3 月 17 日，「簡約公屋」計劃獲立

法會撥款上馬，但反對和質疑的聲音仍未休止。事情的好戲往往在後頭，更嚴峻的挑戰必然像洪水猛獸般來臨。「簡約公屋」計劃有幾個問題是局長必須慎重考慮及規劃的。

首先，「簡約公屋」的營運權將用投標方式外判，中標機構需負責「簡約公屋」的日常運作，包括清潔、保安、維修保養，社區服務等。另外，機構亦要按照房屋局的指引審核「簡約公屋」申請人的入住資格，按申請人的情況分配不同大小的單位。指引將列明機構可按申請人的情況行使酌情權，要留意的是，有酌情權等於有灰色地帶，由於單位是由機構分配，局方如何確保機構在分配過程中公正公平地「按本子辦事」？局方必須小心處理以及堵塞可能出現的大小漏洞，杜絕貪腐。

另一個挑戰是關於「簡約公屋」計劃的「上樓」過程。當住戶居住滿五年後，特區政府如何有序地安排居民上公屋？如果住戶不願遷離，特區政府有何措施應對？此外，「簡約公屋」在完成五年使命後，能不能有效異地重用，亦需及早規劃，好好應對。特區政府怎樣制訂合適的「收官」計劃和措施，大家要持續關注。

第三，「簡約公屋」將面臨人力資源有限的挑戰，尤其是要監管不同規模的營運機構。可是特區政府至今仍未能夠回答監管人手的問題。過去的經驗顯示，若中標機構缺乏政府監管，並且有過多自主權，便很容易出現問題。因此，在

「簡約公屋」計劃中，特區政府需要確保有足夠的人力資源進行監管工作，以確保計劃順利實施。

「簡約公屋」計劃還有漫漫長路要走，特區政府必須先仔細評估可能出現的問題，小風浪固然避不了，大問題則一定不可以發生。在此，我期盼局長能夠沙盤推演計劃的每一個細節，果斷地為每項指引「加多一粒釘」，時刻監察，力爭計劃妥善落實，馬到功成，為久候上樓的基層市民帶來及時雨露，局長請加油！

2023 年 3 月 23 日　《悅傳媒》〈棟悉港情〉

暫緩決定
都係一個決定

　　沉寂了一段時間的粉嶺高爾夫球場，最近又進入大家的視線，皆因特區政府回收部分高球場土地建屋的計劃，進入了新階段，環境諮詢委員會竟然在 2022 年 8 月 8 日及 19 日連續兩次馬拉松會議後，都無法決定是接納或否決相關的環境影響評估報告，暫時不就報告作出任何建議，這樣的「進展」再度引發高球場應否建屋的爭議，而環諮會主席黃遠輝表示「暫緩決定都係一個決定」，幾乎是最大化地使用拖延招數。

　　相信全民都記得，前任行政長官搞出了「土地大辯論」那場大龍鳳，黃遠輝正是土地供應專責小組的主席。當時小組推出 18 個「點心紙」選項，粉嶺高爾夫球場是短中期的供應選項之一（利用私人遊樂場地契約用地作其他用途）。小組花了五個月做公眾諮詢，最終特區政府於 2019 年宣布「全盤接納」小組報告的建議，包括回收高球場部分土地。可是當時爭議不止，回收範圍一縮再縮，在回收的 32 公頃土地中，縮至只擬用粉錦公路以東的 9 公頃土地來建 12 幢逾 50 層樓高的大廈，提供 12000 個公營房屋單位，相對平整土地的成本、對生態不可逆轉的破壞、對高球運動發展的

阻礙等等，收地與不收地，還真有點雞肋。

贊成收地的，主要是針對香港缺地已久，認為高球場的大塊地能增加土地房屋供應，這點無可厚非。但是有人把高球場等同權貴，若不收地便等同偏幫權貴，上綱上線，挑起市民的仇富情緒，便十分要不得。

根據傳媒報導，環境影響評估報告似乎頗粗枝大葉，有各種錯漏，例如雀鳥調查的覆蓋時間和一般的雀鳥調查時段有誤等等，環諮會不收貨也合理；反之，若隨便收貨了事，有可能引發司法覆核，屆時更不知拖到何年何月才有結論。如今環諮會要求特區政府重做生態環境研究的某些項目，2023 年 4 月再提交進一步資料作討論，是按程序行事，同時是把皮球踢回特區政府那邊，特區政府有充足時間再諗再度，是繼續向前走，還是想個好理由華麗轉身？

2022 年 8 月 22 日《am730》〈黎 SIR 事務處〉

澳門「五階梯房屋」
值得香港借鏡

踏進兔年，迎來通關之喜，新民黨把握好勢頭，由擁有豐厚澳門人脈的何敬康立法會議員帶隊，在 2023 年 2 月 2 日訪問澳門一天，拜會澳門行政長官賀一誠先生、全國政協副主席何厚鏵先生、澳門經濟財政司司長李偉農先生、立法會主席高開賢先生、全國人大澳區代表施家倫先生、澳門科技大學李行偉校長及澳門工商聯會長何敬麟先生等一眾政商教育界別的重磅人物，雙方深入交流，我們獲益良多。

由於當天行程緊湊，我們清晨便起牀趕往港澳碼頭乘早船「過大海」，抵達澳門後，入境過程與疫情前無異，快速通暢，澳門市面亦與往日沒有大改變，充滿過年氣氛，喜氣洋洋，復甦步伐迅速。

是日重頭戲當然是拜會澳門行政長官賀一誠先生，賀特首非常健談，我們會面交流了大約 90 分鐘，超出了行程計劃的一小時。我們討論了很多議題，當中我們對澳門的房屋政策特別感興趣，賀特首詳盡介紹了他的房屋政策理念及目前進展，特別是怎樣解決基層市民的住屋問題，值得香港參考。

近年，澳門面對樓價高升等問題，澳門政府於 2021

年公布《澳門特別行政區經濟和社會發展第二個五年規劃（2021-2025 年）》（「二五」規劃），賀特首則推出「五階梯房屋政策」，根據社會上不同階層人士的住屋需要、經濟承擔力和購買能力，「五階梯」由下至上是指社會房屋、經濟房屋、夾心房屋、長者公寓及私人房屋，前兩類是單純的公共房屋。

「社會房屋」是純粹租住的公共房屋。澳門政府瞄準處理基層市民的住屋問題，在新填海區興建社會房屋，根據需求，每名居民可擁八平方米空間，而且戶戶有窗。社會房屋有收入限制，入住對象是基層市民。

第二階梯是「經濟房屋」，是出售的公共房屋，住戶的收入下限與公共房屋的收入上限接軌。澳門政府在 2021 年修訂了《經濟房屋法》，列明經濟房屋只可自住，不讓市民投機或在市場上轉賣謀利，與國家主席習近平「房屋是用來住」的理念一脈相承。戶主若放棄經屋單位，只能回售給澳門房屋局，由房屋局再售予合資格的申請人。我認為這機制符合公屋流轉原則。

若市民收入超越第二階梯上限，但又未有能力購買私樓，便可申請第三階梯的「夾心房屋」。澳門政府把夾心房屋定義為私人房屋，定價則高於經屋但低於私樓，戶主可在指定期限後把夾屋單位放在私樓市場出售，這設定有助市民邁向更高的置業階梯。

第四階梯是「長者公寓」，租住對象是有一定經濟承擔能力、住在唐樓等舊式樓宇的長者。長者公寓是新設的階梯，第一期長者公寓計劃於 2024 年落成，提供 1800 個單位。

第五階梯則是私人房屋，有經濟能力的市民可在私樓市場自由買賣房屋。

此外，澳門處理舊區重建的方法與香港不同。香港的市區重建局以七年樓齡價值作為賠償標準，收購舊區樓宇，重建後單位以市場價格出售，原區居民不會獲得安置，需自行遷出及張羅住處，未必受惠於重建後的社區。

澳門政府的舊區重建概念叫「都市更新」，對原區居民採取「先短暫安置，重建後遷回」的政策。澳門政府提供土地予「澳門都市更新股份有限公司」興建房屋，安置原區受影響的居民，待原區更新重建後，居民可以遷回。澳門都市更新股份有限公司透過更新後新增的商場、商舖產生經濟收益來支撐重建費，做法與香港市區重建局經常要付出巨額賠償金大相徑庭，居民可遷回原區也可改善生活質素，做法比香港有人情味。

誠然，澳門和香港這兩個特別行政區，區情不同，實施的政策有異，未必能搬字過紙，但是香港特區政府可借鏡澳門做得好的地方，優化自家政策。

2023 年 2 月 6 日《am730》〈黎 SIR 事務處〉

洗衣街地皮低價成交
「開壞個頭」

　　特區政府一直以稅收及賣地為主要收入來源，但是近年的賣地收入有減少之勢。今年《財政預算案》列出 2022–2023 年度的修訂預算，賣地收入較原來預算的大幅減少 489 億元，即只有 711 億元（第 184 段），特區政府總收入也較原來預算少了 15.7%，只有 6038 億元（第 183 段）。

　　至於今年即 2023–2024 年度，財政司司長指賣地計劃共有 12 幅住宅用地、三幅商業用地及三幅工業用地（第 145 段），預計賣地收人達 850 億，比 2022–2023 年度的修訂預算略增 139 億元；總收入則預計有 6424 億元，比去年度的修訂預算總收入增加 386 億元（第 198 段）。

　　財政司司長侃侃而談，對今年的賣地情況相當樂觀，但是現實上，2023 年第一季的賣地情況非常不理想。首先是接連有三幅地皮流標，包括赤柱環角道豪宅地、市建局觀塘裕民坊商業用地及港鐵北大嶼山小蠔灣上蓋發展項目；然後輪到旺角洗衣街與亞皆老街交界那幅佔地 12 萬平方呎的大型商業地皮。三次流標前車可鑑，也有分析擔憂第四次流標，若真的引發流標骨牌效應，那真是茲事體大，或會對地皮市

場造成難以逆轉的負面影響。

幸好，這幅洗衣街地皮大步檻過，雖然只得三間地產商入標，比起好景時會有八、九間地產商競投，不可同日而語，但總算不用流標。不過，地皮最終以勁低價 47 億元成交，以項目最高可建樓面 152 萬平方呎計算，每呎樓面地價只是 3103 元，低得惹人憐。

根據報導，原來該幅地皮的估值持續下跌。去年 2 月的估值在 182 億元至 228 億元之間，每呎樓面地價約 12000 元至 15000 元。去年 12 月尾，估值下調至 73 億元至 122 億元，每呎樓面地價跌至約 4800 元至 8000 元。到今年 2 月截標前，估值已跌至約 56 億至 109 億元，即每呎地價跌至約 3700 元至 7200 元，跌幅驚人。想不到 3 月 1 日揭盅時，成交價只有 47 億元，比起上述 56 億的最低估價，還要少九億，既讓人意外，更叫人擔心。

正如本文開首所言，賣地是特區政府的主要收入來源，而本港一直奉行高地價政策，低價賤賣土地並不理想。雖道市場疲弱，但是「三流標一低價」已不能算是個別事件，特區政府應回頭檢視原因在哪？是單純的市場疲弱，抑或地皮條件不吸引，還是特區政府開出的入標條件太苛刻？而若市場真的那麼疲弱不利成交，或反映發展商睇淡幾年後的市況，特區政府應如何挽回發展商的信心？

此外，我相信特區政府必早已察知洗衣街地皮的估值跌勢，為甚麼仍要堅持把地賣出？這麼大的一幅地，若特區政府及早徵用來作其他用途，可能更具效益。如今拿着勁低價47億元，對增加特區政府收入是九牛一毛，一旦打開「低價入標也中標」的缺口，「開壞個頭」，引發之後的地皮都以低價成交，特區政府便難以達成本財政年度賣地收入850億的目標，對特區政府的整體收入也有重大影響。

「綠表」機制存漏洞，
政策收緊不宜「一刀切」

　　最近發生了一宗轟動全城的兇殺案，涉案的其中一名疑犯名下竟然擁有一個價值 7000 萬元的豪宅單位，同時也擁有一個「綠表」居屋單位，引起各界質疑「綠表」居屋申請機制的公平性。目前，「綠表」居屋申請人不需要向房署申報其資產及物業，因此，即使在本地或海外擁有住宅物業也符合申請購買「綠表」居屋的資格。房屋局局長何永賢在 2023 年 3 月 15 日的立法會會議回覆口頭質詢時承認，現行「綠表」機制存在漏洞，並將檢視及考慮收緊相關申請要求。

　　「綠表」居屋的政策原意是鼓勵公屋住戶用「樓換樓」的方式交出公屋單位，在住戶經濟收入好轉時以低於市場價格的折扣購買居屋，以加快公屋流轉，縮短市民輪候公屋的時間。儘管政策原意是可取的，面對新形勢，我建議特區政府儘快檢討，加入適當補救措施，堵塞漏洞。以下是一些可行建議：第一，公屋住戶要定期向房署申報在香港及海外擁有的物業。第二，房署要加強資產審查工作，以確保珍貴公屋資源可以適時再分配給有需要的市民。第三，要求所有「綠表」居屋申請人授權房署向土地註冊處查冊，確認他們在香港並無擁有住宅物業，防止有人繼續憑「綠表」以優惠

價購買居屋，獲得「雙重利益」，以保障公共資源獲得適當分配。

　　此外，我認為特區政府在收緊有關政策時，亦需要人性化考慮住戶的實際情況，不宜採取過於嚴格的手法「一刀切」。例如新政策不宜有追溯力，又例如可能有申請人在家鄉擁有祖屋等等。因此，當局在審視有關政策時，應以物業及資產申報作起點，若公屋住戶在新措施推出前已擁有內地的祖屋或類似物業，可向房署申請豁免，相關豁免亦須申請人承諾不會以家鄉房屋作恆常居所。這是在減少對民生的影響下，同時確保公共資源用得其所，讓「綠表」居屋政策繼續發揮作用，幫助更多市民改善居住條件。

2023 年 3 月 20 日《am730》〈黎 SIR 事務處〉

建議安老院舍
增設高級保健員

　　香港似乎未能跨越第五波疫情，近期反彈至每日千宗確診個案使港人的心情又繃緊起來，而根據衛生署衛生防護中心的資料，截至 2022 年 6 月 18 日，第五波累計 9180 人死亡，當中 7053 人為 70 歲以上的長者，過半是院舍人士；第五波期間累計有 700 多間院舍爆疫，來到 6 月 19 日仍單日新增三間院舍錄有確診個案，使人覺得院舍是個防疫炸彈，亦讓社會不得不關注安老院舍長期累積的問題，包括硬件如院舍面積、設施、牀位大細，軟件如人手配套、服務水平等。

　　香港院舍的分類相當複雜，目前全港共有約 1100 間持牌院舍（包括安老及殘疾院舍），提供 9 萬多個宿位，但是長期護理服務中央輪候冊上仍持續有大約 37000 名長者輪候入住資助院舍（截至 2021 年 1 月 31 日），輪候時間長達 40 多個月，可見供應遠遜需求。那邊廂，安老業界指業內長期人手不足，例如保健員相當難請人，而且鮮有年青人願意入行，成為安老業界的發展樽頸。

　　不說不知，原來特區政府於 2017 年 6 月已成立了工作

小組，檢視《安老院條例》、《殘疾人士院舍條例》、《安老院實務守則》及《殘疾人士院舍實務守則》，但是改革一直只聞樓梯響，直至本立法年度，特區政府向立法會提交《2022年院舍法例（雜項修訂）條例草案》，我稱之為「院舍升級條例」，並加入了這條例草案委員會。

《條例草案》對院舍的軟硬件升級提出多項要求，以提升院舍的服務質素，例如增加人均宿位面積、引入院舍主管註冊制度及保健員註冊續期制度等等。不過，我認為特區政府只顧提高標準，卻沒考慮院舍怎樣才能達到這些標準。就以人手配置為例，院舍保健員屬厭惡性行業，而且薪酬不高，長期缺人是不爭事實，我不認為設立保健員註冊續期制度能改善這情況。

特區政府應該思考怎樣提高保健員這工種的吸引力，我建議提供晉升階梯，在保健員之上增設高級／資深保健員，讓年青人看到行業前景。工作內容方面，我建議加強培訓，例如讓保健員分擔部分註冊護士的工作，這樣既可以減低院舍對註冊護士的需求，同時可提高保健員這工種的專業感，加上有晉升機會，期望慢慢能改變年青人的看法，會有更多人願意入行。

最後，特區政府提到院舍可在成功升級後，申請特區政府的院舍買位計劃，我認為完全本末倒置、倒果為因。這想法首先要院舍投資大筆資金來升級轉型，對於中小型院舍來

説根本難以負擔。相對地，特區政府應該推出優惠措施，例如為有志升級的中小型院舍提供低息或免息貸款，這樣才能增加院舍升級的誘因，避免院舍因無力升級而倒閉，這樣才做到院舍好、長者好。

2022 年 6 月 19 日《am730》〈黎 SIR 事務處〉

引入護士
刻不容緩

香港醫護短缺是不爭事實，特區政府以至社會都普遍認知這問題。特區政府早於 10 年前，即 2012 年便成立了「醫療人力規劃和專業發展策略檢討督導委員會」，展開研究，並且於 2017 年 6 月公布了《醫療人力規劃和專業發展策略檢討報告》，對 13 個須進行法定註冊的醫療專業的人力規劃進行了研究，當中包括護士專業。

根據《報告》，截止 2016 年年底，香港整體醫療專業大約有 99000 人，當中註冊護士 39178 人（佔整體醫療專業 39.5%）、登記護士 13211 人（佔整體醫療專業 13.3%），換句話說，護士佔本港整體醫療人手超過一半，護士人口比例為 1:141，重要性不可或缺。同時，《報告》推算到 2025 年，香港將欠缺 964 位普通科護士，到 2030 年更會欠缺 1131 位，情況並不樂觀。

六年過去，儘管特區政府已根據《報告》提出的建議，循多個渠道增加護士供應，例如透過資助大學、自資院校以及醫管局、私家醫院，持續增加護理培訓學額，但是護士的培訓周期長，註冊護士需修讀五年制大學學士護理課程或四

年制高級文憑護理課程，登記護士則需完成兩年制訓練課程，難以一蹴而就。再加上近期的移民潮及護士離職潮，護士流失問題惡化。根據食物及衛生局的數據，醫管局在2019–2020年度的護士離職率是5.9%，2020–2021年度增至8.2%，即是在29890名護士中，大約有2240名護士離職。醫管局主席范鴻齡更於2022年9月22日的醫管局例行大會表示，最新的公立醫院護士流失率高達10.1%，「護士荒」嚴峻。

而根據立法會衛生事務委員會2021年3月24日的討論文件（立法會CB（4）600/20-21（05）號文件），特區政府於2019年委託了香港大學進行新一輪醫療人力推算。隨着香港迎向老齡化社會，各類醫療及安老服務對護士的需求都會增加，推算結果顯示，2030年香港將欠普通科護士3679名，2035年將欠4337名，到2040年更會欠缺5060名，最新的推算結果比2017年的《報告》進一步惡化。

面對如此嚴重的「護士荒」，若特區政府再不「提速提量」，及早增加護士供應，紓緩人手壓力，整體醫療服務將進一步受到影響。除了持續增加護理培訓學額，推出措施挽留本地護士，引入境外包括內地護士是另一方法。

2022年9月22日，醫管局公布推行「大灣區醫療人才交流計劃」，招募內地醫護來港交流，計劃包括於明年初招募70名內地護士來港，並於兩年內把名額增至300人，這

批內地護士不用在港註冊，工作模式則參照 2007 年的「粵港專科護士培訓計劃」。

公布一出，隨即有意見表示擔心免內地護士註冊是「打開缺口」，又擔心語言不通溝通有誤等等問題。在我看來，實踐的經驗證明了這些「擔心」是過慮。先不說過往已有進行類似交流計劃的經驗，第五波疫情時內地援港醫護的水平及表現也是有目共睹，而所謂的語言或系統差異，當時已進行了相應調整，我相信日後亦可根據當時的經驗，進一步理順彼此的工作。

更重要的是，相關組織或人士適宜放下保護主義，以香港市民的整體健康出發，接納境外包括內地護士，大家攜手合作；而醫管局則有責任確保來港護士的資歷、工作經驗及水平，達到香港的要求。

2022 年 9 月 26 日《am730》〈黎 SIR 事務處〉

在安老院舍
推動遙距醫療

香港要走創科路，醫療科技是其中一個方向，例如遙距醫療。

不説不知，原來醫管局早於 1998 年已開始透過視像會議，為居於安老院舍的病患者提供遙距診症服務，比起新加坡（2010 年推展遠程醫療）、澳洲（2012 年推出遠程醫療先導計劃）或英格蘭（2015 年推行科技提升護理服務計劃）等地方還要早。可是，就像八達通（1997 年面世）等項目那樣，即使快人一步，理想卻沒有達到，20 多年過去，八達通也好，遙距醫療也罷，都沒有超前發展，莫説領導創新。

直至新冠疫情爆發，人們要維持社交距離，確診者要接受隔離，亦不能隨意上門求醫，才造就了遙距醫療的發展。疫情下，醫管局擴大了遙距診症服務的應用範圍至精神科病人或其他覆診病人，病人可透過「HA Go」流動應用程式，預約遙距診症，病人可透過視像方式求診覆診；一些私營醫療機構、診所，以至中醫師也有提供遙距診症服務，算是推了遙距醫療一把。

不過這一把並沒有推很遠，廣義來說，遙距醫療可包括遙距診症、遠程監察、遙距支援三大方面，還有藥物配送、發出醫生證明轉介信、病假紙、電子藥單等等配套，好處甚多，可以縮短病人的輪候時間，也可方便行動不便的病人或長者，不用他們舟車勞頓去醫院或診所排隊、輪候，長遠有助提升醫療系統的整體效率。可惜香港在這些方面仍未成熟，推廣亦不足。另方面，香港醫務委員會於 2019 年推出的《遠程醫療實務道德規範指引》未有説明應用遙距醫療的具體標準和要求，部分醫生有所保留，也窒礙了遙距醫療的應用。

行政長官在《施政報告》中提出要「改善病人體驗——醫管局會更廣泛採用視像會診，以及推出新的藥物送遞服務模式，方便病人」，是正確的方向。何謂「更廣泛採用」？我認為特區政府應該準確界定哪些群組最適合使用視像會診、遙距醫療服務，例如安老院舍。現在安老院舍主要依靠社會福利署提供的外展醫生到診服務，輔以陪診服務及有限度遙距診症服務，其實極不足夠，第五波疫情最嚴峻時院舍長者所受之苦，全港市民有目共睹。我認為現在是時候把安老院舍列為遙距醫療的重點服務對象，整合資源，清楚列出包括的服務細項，讓醫療機構及院舍雙方都有所依據，讓院舍長者得到更方便的醫療服務，例如視像接受醫生的初步評估，不用動輒前往急症室苦候。

長遠而言，特區政府要就遙距醫療的發展制訂策略，例如列出適用的疾病、涉及的服務、收費標準、應用的科技，以及釐清醫療機構及醫生的責任等等，還要加強推廣，這樣才能讓遙距醫療有廣泛發展，讓更多病人受惠。

2022 年 11 月 21 日《am730》〈黎 SIR 事務處〉

擴大
跨境醫療服務

習近平總書記在「二十大」報告中提到，要「深入貫徹以人民為中心的發展思想」，當中包括「病有所醫、老有所養」。在護養老人方面，總書記說要「實施積極應對人口老齡化國家戰略，發展養老事業和養老產業」，同時要「促進優質醫療資源擴容和區域均衡佈局」，我十分認同。總書記所說的，不單是指內地，而是放諸香港皆準。

香港面對人口老化的問題，已是不爭的事實。根據聯合國等組織的資料顯示，2022 年，香港有 20% 以上人口為 65 歲以上，至 2033 年將有 30% 以上人口為 65 歲以上；而根據世界衛生組織的定義，香港在 2022 年後會步入「超老齡化」社會。除了要優化本地安老服務規劃，大力提升安老院舍的服務質素，以至提倡居家安老等概念之外，港人移居大灣區養老也是大勢所趨。

近年的確愈來愈多長者移居大灣區，舉個例，根據社會福利署的統計，截至 2022 年 9 月 30 日，讓已移居廣東省的合資格香港長者領取高齡津貼的「廣東計劃」便有 19902 人受惠。不過，這些津貼不足以應付所需，要讓香港長者在內

地「病有所醫」，特區政府要從多方面推進跨境醫療服務，達致「優質醫療資源擴容」。

首先是擴大香港醫療券在內地的適用範圍。根據立法會「促進粵港澳大灣區發展事宜小組委員會」的文件（立法會CB（4）859/2022（02）號文件），目前香港長者只可在港大深圳醫院指定門診指定服務使用香港醫療券，即是若香港長者在其他省市或其他醫院接受治療，醫療券變得物無所用了。因此，特區政府應加緊與大灣區各城市溝通，以擴大香港醫療券在內地的適用範圍。

很欣慰特區政府於 2020 年末推出「慢性病患者特別支援計劃」，讓患有慢性疾病的香港病人可於港大深圳醫院預約覆診。文件指截至今年 9 月，已有 45700 人次接受診症服務，這是相當可觀的數字，反映覆診需要長期存在。我建議把計劃恆常化，讓移居內地的慢性病患者可繼續在內地覆診，這於穩定病者的心理健康也有好處。此外，若能把計劃擴展至其他大灣區醫院便更理想。

病歷跟人走也很重要。目前，港大深圳醫院可以在取得病人的同意及授權下，透過「醫健通」（電子健康紀錄互通系統）跨境取讀病人的在港病歷，但是可供取讀的病歷範疇相當有限，而若病人前往內地其他醫院求診，院方便讀取不到這些資料了。因此，特區政府應與內地政府協調，讓病歷跟人走，讓病人求醫有更大保障。

最後，心水清的讀者大抵已發現，上述的跨境醫療服務其實只限港大深圳醫院提供，這是極不足夠的。一間醫院的容量及資源畢竟有限，特區政府應盡快與內地商討，把各項服務擴展至大灣區其他醫院，讓內地港人求醫更方便，也能吸引更多香港長者選擇在大灣區養老，長遠而言達致總書記所說「優質醫療資源擴容」的目標。

遙距醫療
減輕門診負擔

　　2023 年 2 月 22 日，財政司司長陳茂波宣讀了新一份《財政預算案》，當中共有 7 段關於醫療衞生，提及 2023-2024 年度，特區政府將投放 1044 億元在醫療衞生範疇，提升公營醫療服務，加強基層醫療，優化長者醫療券，同時會大力推動中醫藥發展等等。我特別欣慰財政司司長接納我和新民黨的建議，提出「進一步推廣遙距視像診症服務」（第 164 段），皆因若遙距醫療辦得好，能有效減輕門診的負擔，我亦曾在立法會會議上向醫務衞生局提出質詢（2 月 15 日）。

　　在整個公營醫療體系中，各科門診的輪候時間一直超長，讓病人，特別是長者，有沉重的健康及心理負擔，要長者舟車勞頓到醫院走動，也不方便。近年，隨着科技進步，醫生可以透過視像向病人遙距問診，是不可多得的發展。疫情三年更有突破，因應防疫、隔離要求及社交距離措施等種種限制，視像問診得到突破性的廣泛應用，相信很多市民在確診後都曾使用「中醫藥遙距診療計劃」和藥物配送服務，反應和回饋十分正面。

　　此外，醫管局自 1998 年開始有透過視像會議系統為居

於安老院舍的長者提供遠程視像診症服務，但是早年的科技沒現在先進，應用範圍十分有限。疫情期間，醫管局轄下所有醫院聯網均有加強安老院舍遙距醫療服務，根據署理醫務衞生局局長李夏茵醫生在立法會回覆我的質詢（2月15日），「於2022年4月至12月為止，社區老人評估小組已提供遙距診症服務合共約4700人次，其中包括新冠疫情期間加強的安老院舍支援服務，這服務亦涵蓋資助及私營安老院舍」，也有安老院舍引入「醫社合一」安排，由外展醫生通過視像診症，為患病長者處方藥物，並由外展護士跟進病情，病情嚴重者送院救治，可見安老院舍對遙距醫療的需求很大。

事實上，若能在安老院舍廣泛運用遙距視像診症服務，輕症長者不用動輒到醫院去，將大大減低長者使用急症室服務及在醫院輪候的時間，也可減低長者在醫院輪候期間感染其他疾病的機會，同時也可減輕醫院及前線醫護人員的壓力。因此，我積極提倡於安老院舍推出「全面遙距診症先導計劃」，集合公營醫療、私營醫療及中醫界的力量，為院舍長者提供較佳的醫療服務，長遠有助提升整體醫療服務水平，希望特區政府積極考慮。

2023年2月27日《am730》〈黎SIR事務處〉

失德教師
一個也嫌多

為人師表應該是甚麼樣子的？

有女校學生在網上發帖，揭發一名趙姓男教師在中一默書堂時，用手機偷看色情影片，並且不知甚麼原因分享到課室屏幕上，帖文指至少有半班中一女生看到影片，男教師在五分鐘後才發現自己分享了影片。事件經傳媒廣泛報導，有指男教師有生理反應要用書本遮掩下體離開課室，有指男教師當場要求女生們不要在網上討論事件以免影響校譽。而校方則在 2022 年 5 月 20 日發出聲明，指校方「於 5 月 13 日傍晚收到趙姓教師報告其曾在課堂上偷看成人網頁」，趙姓教師於 5 月 16 日「向校長和副校長承認犯錯，並向校長請辭」，校長「在徵得校監同意下，接納趙的請辭，即時生效」。

涉事男教師的行為叫人嘩然及難以接受，事件引起社會、教育界和家長的廣泛關注，教聯會認為教育局應該取消其教師註冊（釘牌）。校方聲明說「已通報教育局及警民關係主任」，該校校長回覆傳媒查詢時表示「學校已做晒所有工作」（《香港01》2022 年 5 月 19 日），真的是這樣嗎？涉事男教師辭職便代表事情完結嗎？

當然不是。

這次事件極為嚴重，首先，涉事男教師明顯違反了《香港教育專業守則》第 2.2 條〈對學生的義務〉的第 16 點「一個專業教育工作者應避免使學生難堪或受到羞辱」，及第 2.6 條〈對公眾的義務〉的第 1 點「一個專業教育工作者應尊重法律及社會接受的行為準則」。教師在課堂上看色情影片當然有違社會能接受的教師行為準則，明顯有違師德及專業操守，直接或間接影響女生們的心理健康及對教師的信任。

我則關注該名教師有沒有干犯法例。

翻查《香港法例》第 390 章《淫褻及不雅物品管制條例》，該名教師涉嫌干犯了第 22 條〈禁止向青少年發布不雅物品的規定〉。條例指「任何人向青少年人發布不雅物品，不論是否知道該物品是不雅物品，或是否知道該人是青少年，均屬犯罪」，男教師分享到課室屏幕的色情影片自然屬不雅物品，而他眼前的是一班只有十二三歲的中一女生，自然屬青少年。條文亦列明「首次定罪，可處罰款 $400,000 及監禁 12 個月」，反映罪行的嚴重性。

平機會主席朱敏健則指涉事男教師可能違反了《香港法例》第 480 章《性別歧視條例》（第 2（5）條），他解釋「性騷擾是指任何不受歡迎而涉及性的行為」、「不論屬有意或無意地，例如事件中該教師於其他學生看到的範圍內展示色情

影片」（《香港 01》2022 年 5 月 20 日）。此外，《性別歧視條例》第 39（2）條列明「任何身為某教育機構職員的人，如對一名正在謀求成為該機構學生或已是該機構學生的女性作出騷擾，即屬違法。」

由此可見，該名男教師的行為並非普通的犯錯那麼簡單，也不是承認犯錯及辭職便可了事。校方應該報警，交由警方徹底調查該男教師有沒有違法、有沒有其他性騷擾行為，若有足夠證據，必須作出檢控。

另一方面，根據《香港法例》第 279 章《教育條例》第 46 條〈拒絕教員註冊的理由〉及第 47 條〈取消教員註冊的理由〉，如教育局常任秘書長認為「該人並非出任教員的適合及適當人選」（第 46（a）條）、「該人被裁定已犯可判處監禁的罪行」（第 46（b）條）、「該教員不稱職」（第 47（b）條）、「該教員已違反本條例任何條文」（第 47（3）條），或「該教員作出的任何行為足以構成專業上的失當行為」（第 47（6）條），則常任秘書長可以取消該教員的註冊。

因此，教育局不能只要求校方交報告便了事，應嚴肅考慮取消該男教師的註冊，不能讓害群之馬繼續到其他學校任教，傷害其他學生，影響老師的整體專業形象。同時，教育局應調查及檢視校方的處理手法有沒有問題，有沒有延誤公布或包庇成分；以至校方平日的管理是否有問題等等。

最後，特區政府應檢視「性罪行定罪紀錄查核機制」，不讓涉及性罪行的人士從事教育工作。學生是我們整個社會的保護對象，這類失德教師，一個也嫌多，必須嚴懲。

2022 年 5 月 23 日《am730》〈黎 SIR 事務處〉

「幼兒中心督導組」
竟隸屬「安老服務科」

　　幼兒與長者，都是我們社會裏最需要保護照顧的群體；護幼與安老，理應是特區政府非常重視的範疇。《禮記》有云，「幼有所長」、「老有所終」，我們要確保幼兒健康快樂地成長，也要尊敬一生貢獻社會的長者，讓他們有尊嚴地生活。

　　然而，在香港，發生了甚麼？近的有安老院舍連環爆疫，數千長者在第五波疫情下失去了生命，遠的有 2016 年劍橋護老院有男性長者肛門被塞異物後死亡、2015 年劍橋護老院職員在露天平台上把女性長者脫至全裸才推去洗澡！而更令人齒冷的，莫過於 2021 年年底爆出的童樂居集體虐兒醜聞，20 多名掛着香港保護兒童會旗幟的員工，以不同的方式虐待 30 多名幼兒！不論是哪一宗個案，都是為世不容的！

　　為甚麼會接二連三發生這些事情？說穿了就是特區政府多年來並非真誠地敬老護幼，政策紕漏多，監管如虛設，出事後的所謂改革、加強巡查，都是為做而做而已。不說不知，原來負責兒童住宿服務單位的註冊及巡查的，是社會福利署轄下的「幼兒中心督導組」，而在劍橋護老院等醜聞前，「幼兒中心督導組」竟然是隸屬社署「安老服務科」的！竟

然把監管住宿幼兒園的工作編排在安老服務下，可見特區政府是何等輕視護幼工作。

編制荒謬之外，長期人手不足是另一個問題。劍橋護老院等醜聞爆發後，勞福局在 2017 年要求立法會開設編外社署助理署長的職位，以領導新成立的「牌照及規管科」，並把「幼兒中心督導組」撥歸旗下。這個新成立的「牌照及規管科」共設 121 個職位，其中 39 個是新增的非首長職位，但是似乎沒一個職位是為「幼兒中心督導組」而增設的，反映當局有多不重視住宿幼兒園的監管工作。

在 2022 年 1 月 31 日的立法會社會福利事務委員會特別會議上，社會福利署署長親口承認，在監管和巡查住宿幼兒園方面，「人力相對單薄」。翻查當天的政府文件，原來「幼兒中心督導組」只有四名「視察主任」負責巡查全港數千間幼兒中心，工作包括在不同時段進行突擊巡查。人手不足的程度相當嚴重，可以想像「視察主任」是如何走馬看花，能發現虐兒個案的機會微乎其微。

童樂居虐兒事件就是在特區政府輕視護幼，編制錯配，人手資源長期不足等種種問題日積月累而發生的。我相信，在護幼與安老這些議題上，社會只有一種立場，分歧只在於如何做得更好。特區政府應該直面問題，改革制度，真正為幼兒與長者的福祉着想。

2022 年 5 月 26 日 《悅傳媒》〈棟悉港情〉

香港的職專教育
是怎麼樣的？

2022 年 5 月 26 日的立法會大會，有議員提出「推動職業教育發展，培養人才構建多元出路」的議員議案，引起了我的關注。翻查國務院於 2019 年發布的《國家職業教育改革實施方案》，第一句就是「職業教育與普通教育是兩種不同教育類型，具有同等重要地位」。這個概念及定位非常清晰，可是在香港，仍然未做到，職業教育大抵仍是次等的存在，大部分港人連其正名「職業專才教育（職專教育）」（2016 年《施政報告》）也傻傻分不清。

不說不知，原來教育局曾先後於 2015 年及 2020 年推出過《2015 年推廣職業教育專責小組報告》及《2020 年推廣職業專才教育專責小組檢討報告》，兩次的專責小組成員差不多，報告的內容亦相近，2020 年版大致更新了職專教育在專上教育、高中及初中的發展，但其實一直沒有明確指出哪些範疇或行業屬於職專教育，這些科目在八大、自資專上院校、職業訓練局的分工也不清晰。

此外，雖然兩份報告都強調要這樣那樣推廣職專教育，但是坦白說，試問問身邊親戚朋友，有多少人明確知道香港

的職專教育是怎麼樣的？又有多少家長願意讓學業成績好穩入大學的子女投身職業訓練？

會出現這樣的情況，與香港長年累月的產業結構及社會風氣有關，家長總是望子成龍，總是希望子女讀大學、做醫生律師金融等等賺錢的行業，在選科時難免注重成績及人工錢途，從家長角度來說也無可厚非。長遠而言，要改變家長的想法，首先要擴闊香港的產業結構，當社會經濟好，市面上工種選擇多，各行各業的社會地位都有所提升，家長接受職專教育的程度自然會提高。

家長教育非常重要，除了高大上的廣告推廣，更重要的是學校和老師的觀念灌輸。曾有家長告訴我，仔仔就讀成績很好的 Band 1 中學，在中三升中四的選科家長會時，老師在介紹「應用學習科目」（Applied Learning）時，只說了一句「這個我們的同學不適用」就掠過了，偏偏這個家長的仔仔極有興趣報讀烹飪，但是校方覺得 Band 1 同學不需或不會報讀這些，連簡介也省略，家長當時十分失望。

教育局及校方有責任視「應用學習科目」和其他科目一樣重要，讓有志向的同學選讀。家長也要明白，每個年青人都有不同的個性、潛能、興趣、志向，不是人人都會成績好讀大學考第一，更不是讀不了大學便等於失敗。相反，若子女能在適合的領域學習和發揮，將來的道路同樣寬闊。

説回上文那位家長，她仔仔在考畢 DSE 後二話不說報讀了職業訓練局旗下香港高等教育科技學院（THEi）的廚師課程，課程屬「指定專業／界別課程資助計劃」（SSSDP），是學士學位課程。由於仔仔是基於興趣而報讀，自然學得積極煮得投入，目前正向專業廚師的方向進發，未來前途無可限量。

　　當然，說到最後，同學本人的選擇才是最重要的。這裏涉及初中及高中階段的「生涯規劃」，若校方及老師有認真了解每位同學，有讓同學在不同階段加深對自己志趣的了解，做好「生涯規劃」，以便選擇適合自己能力及興趣的科目，將來投身適合的行業，這才是最理想的。

2022 年 5 月 30 日《am730》〈黎 SIR 事務處〉

樹木管理
一盤散沙

2022 年 11 月 9 日的立法會會議上，發展局局長甯漢豪書面答覆了我向局方提出，有關何文田巴富街塌樹壓毀三輛私家車及一輛校巴（9 月 16 日）的提問。由於事發地點的塌樹屬康文署護養，康文署責無旁貸，我關注局方有沒有向車主及傷者提供適切援助、會不會承擔責任，會不會向車主及傷者提供賠償。

甯漢豪局長的書面答覆承擔了責任，表明「巴富街事件中倒塌的樹木由康文署護養，故此賠償申請會由康文署直接跟進」，還有「康文署已經與四位車主取得聯絡，並已收到兩份索償申請（其中包括校巴車主提交的索償申請）」，算是負責任的表現。據了解，校巴遭壓毀，維修需時，維修費驚人，車主亦需停工，生計大受影響，康文署應「提速、提效」處理賠償。

不過，個別事故的跟進工作只是補償，不一而足，更重要的是查找樹木管理工作的缺失在哪，對症下藥，改善問題。不經不覺，樹木管理辦事處（樹木辦）自 2010 年成立至今已 12 年，但是久不久仍會發生嚴重甚至致命的塌樹事

故，究竟原因出在哪裏？

原來短短 12 年間，樹木辦總監已換了至少五位，其中前總監高韻儀及現任總監練偉東分別是高級土力工程師、園境師，專長並非樹木管理；加上樹木辦規模細、級別低，其實沒能力調動其他部門工作，樹木護養的工作一直分散在康文署、漁護署、房屋署、建築署、土木工程拓展署、渠務署、路政署、地政總署及水務署等九大部門，標準有異，各有各做，若發現問題樹木，九大部門還要互相推拉來決定「誰該跟進」，真是聽起來荒謬，想起來難纏。好像 2022 年 10 月 28 日的大埔梧桐寨枯樹壓死村代表事故，村民指早向樹木辦反映，但是樹木辦竟回覆不關他們的事，真是匪夷所思！由此可見，改革整個樹木管理系統，整合資源，劃一標準，理順流程，十分重要。

此外，正正由於九大部門都有人員做樹木工作，資源及人力分散，好比一盤散沙。例如康文署由康樂助理員負責樹木工作，但是他們也要管理泳池沙灘，千多名康樂助理員中只有約一百人做樹木，人手極度不足，難以巡查及處理大量個案，即使把工作外判，也難以嚴格監管外判商的工作水平。

甯漢豪局長指發展局已於 2022 年 9 月成立專責小組，檢視樹木管理指引、檢討《樹木風險評估和管理安排指引》、檢視各部門巡查樹木後的跟進工作流程及執行力度等等，這

些當然要做，但是遠不足夠。長遠而言要設立樹木管理專業職系，加強專業培訓及認證，提供晉升階梯，讓更多人願意投身樹木工作，希望特區政府積極考慮。

2022 年 11 月 10 日　《悅傳媒》〈棟悉港情〉

政出多門為禍深

所謂「政出多門」，對於一般市民而言，可能沒甚麼感覺，但是對於政黨或從事地區服務的人來說，政出多門是我們日常遇到的問題，讓人非常懊惱。

查查典故，政出多門出自《左傳·成公十六年》：「魯之有季孟，猶晉之有欒范也，政令於是乎成。今其謀曰：晉政多門，不可從也」，原意是指政令出自多個卿大夫，不能統一，反映中央領導力弱。時至今日，我們多用來投訴特區政府制度僵化，部門過多，分工太細，導致部門之間互相推卸責任，輕則拖慢行政效率，影響特區政府施政水平，重則影響人命。

塌樹殺人便是政出多門的嚴重禍害。雖然特區政府在2010年成立了「樹木管理辦事處」（樹木辦），但是樹木管理沒有專業職系，工作仍然散落在九個部門身上，每遇有病樹危樹的投訴，九個部門要根據植樹地點推拉責任誰屬，無人領認的「孤兒樹」還要交給消防署處理，拖延之間病樹變危樹，危樹塌下便壓死人。樹木辦更離譜，例如報導指大埔梧桐寨村民早向樹木辦反映村內枯樹有危險，但是樹木辦竟

回覆不關他們的事！就是在各部門推拉之間，枯樹便倒下壓死了村代表。

很不幸，過去已發生多宗塌樹奪命個案，包括 2008 年 8 月 27 日赤柱大街古樹倒塌壓死一名 19 歲準港大女生，2010 年 6 月 14 日沙田圓洲角公園塌樹壓死一名男子，2014 年 8 月 14 日羅便臣道印度橡樹塌下壓死一名孕婦，2018 年 8 月 21 日秀茂坪基順學校對開大樹的樹椏擊斃途經印傭，加上剛發生於 2022 年 10 月 28 日的大埔梧桐寨個案，我們已因塌樹失去至少五條人命，若特區政府再不正視問題，塌樹奪命的悲劇仍會重演。

除了塌樹，類似例子罄竹難書。有大埔區社區發展主任告訴我，區內小山坡上有張供街坊休息的長櫈，因為日久失修而破損，社區發展主任自 2022 年 7 月起聯絡地政署、康文署、民政處等多個部門，竟然沒有部門願意「認領」這張壞櫈及進行維修，就這樣拖拉了半年。神奇的是，後來某天長櫈給修好了，但是沒有部門願意出來「承認責任」，可笑不可笑。

另一個例子也發生在大埔，社區發展主任說街上有條渠爆了兩年，爆渠因為去不到水，導致該處經常水浸，他自 2020 年起與民政署、路政署、地政署等部門周旋，至今仍未有部門承擔責任。就是這些個案積少成多，長年累月下來，社區的市容、市政、衛生問題愈來愈差。

國家主席習近平在多次重要講話中指出「責任擔當是領導幹部必備的基本素質」，時任總理李克強在政府工作報告中也說「為官避事平生恥」，行政長官李家超早已說明施政理念是要「以結果為目標」，並且率先在《施政報告》為不同部門列出了 110 項「關鍵績效指標」（KPI），反映特區政府領導班子有決心改善施政。不過，單是決心並不足夠，歸根結底要由制度、部門分工做起，簡化程序是必須的，最後及最重要的，是整個公務員團隊要有「提速、提效、提量」的心，要有身為公僕、為人民服務的自覺，辦事要急市民所急，想市民所想。若不徹底洗滌公務員之間「多做多錯、少做少錯、唔做唔錯」的風氣，政出多門仍會繼續拖特區政府的後腿。

2022 年 12 月 12 日《am730》〈黎 SIR 事務處〉

香園圍甩轆、
「易通行」唔通

　　行政長官李家超一直說要「以結果為目標」，但是執行上往往未能盡如人意，甩轆之事時有發生，然後就要講究補鑊是否神速，善後工夫是否到家。最近便有兩件和交通運輸相關的甩轆事件，好事變壞事，惹起關注。

　　第一件是因應香港與內地全面通關，香港開通所有出入境口岸，而作為全港第一個「人車直達」的口岸（即是除了公共交通工具，市民可乘私家車直接抵達口岸停車場，然後步行到關口辦手續），香園圍口岸吸引大量駕車人士使用，誰料卻因為停車場泊位太少（只有 400 個泊位）、網上超額預約、未經網上預約的車輛大量駛入，以及超時停泊等問題，導致停車場逼爆、司機鼓譟，有車輛要久候大半小時才等到泊車位，更有車輛要將就停泊在通道上。出現這些問題當然是極不理想，反映當局從規劃到啟用都低估了「人車直達」的吸引力，低估了停車場的使用量。而當局的處理手法，竟然是呼籲市民不要使用這個停車場／口岸，斬腳趾避沙蟲，更是匪夷所思。

　　停車場屬硬件配置，增加泊車位難以一蹴而就，即使想

在附近增設臨時停車場應付所需也不容易。長遠而言，當局要想辦法增建停車場，增加停車位的數量，才能應付未來的需求。執筆時，當局宣布了修改規則，必須網上預約停車位，未經預約不能使用，和大幅增加逾時停泊收費，效果如何尚待觀察。

另一宗事件影響全港駕駛人士及職業司機，引起的回響更大，就是特區政府原本訂於 2023 年 2 月 26 日於青沙管制區（即尖山隧道、沙田嶺隧道及大圍隧道）啟用「易通行」系統，即是車輛在車頭玻璃貼上繳費貼紙後，行經隧道便無需在收費亭停車人手付款，系統會自動識別、掃瞄貼紙及轉賬。這樣的自動化收費系統不是甚麼先進產物，更非香港獨有，難得香港與時並進，本是好事，可惜又陣前脫腳，那個「易通行」流動應用程式的開通及登記步驟相當繁複，我自己便花了頗長時間才能成功開戶。而複雜的網上系統曝露了職業司機老齡化的問題，大量長者司機不懂得使用流動應用程式，若沒人幫忙他們大有可能放棄，從而拖慢整個計劃的進程。此外還有投訴宣傳不足、執行倉促、未如期收到車輛貼、職業司機不滿司機卡要收費、遺失司機卡怎處理、車主與司機的拆賬問題等等。

一個系統扯出這麼多問題，當局的應對方法是延緩實施（延至 2023 年 5 月 7 日），表面看來局方反應算快，但實際上是再次曝露當局從規劃至落實計劃的隨性，沒有深入分析或估算可能出現的問題，即是沒做好沙盤推演的工作。單是

首階段實施計劃都障礙重重，看來香港要全面「易通行」，還要等待一段長時間。

　　這兩件事雖然表徵不同，但是骨子裏的問題如出一轍，行政長官若要持續做到「以結果為目標」，看來還要上上下下加把勁。

如何應對
高齡司機現象

2023 年 2 月 5 日一宗「滾保齡式落斜」的士交通意外引起全城關注，皆因涉事的士司機已經 84 歲高齡，報導還說他上庭時行動緩慢、需載助聽器。耄耋老人仍要以駕駛的士為生，當然叫人唏噓，也反映特區政府的安老、扶貧力度並不足夠，仍有大量長線工作要做。與此同時，高齡司機（特別是職業司機）的確增加交通意外的風險，而且分分鐘影響乘客以至其他道路使用者的生命安全，因此必須正視問題，提速檢討，儘快修正，不能手慢，更不能心軟。

翻查一下舊報導便發現這次的士意外不是單一事件，粗略數數——2018 年，97 歲外籍老婦駕駛私家車，在金鐘萬豪酒店泊車時失控，先撞向前面的跑車，再剷上行人路，繼而撞牆。2019 年 2 月，72 歲專線小巴司機，在銅鑼灣懷疑收掣不及，結果小巴撞倒途人。2022 年 5 月，93 歲老司機駕駛私家車，在中環失控剷上行人路，撞毀三米欄杆，再撞入 AIA 遊樂場「碰碰車」設施。最經典是今年 1 月，一名 87 歲的士司機，竟在九日內接連發生三宗車禍，其中包括在金鐘夏慤道炒車撞向路壆，的士翻側。而根據運輸署的統計，2021 年，涉及 70 歲以上司機的交通意外便有近千宗，

當中有導致傷亡，可見高齡司機的確是「馬路炸彈」。

根據 2022 年的數字，香港 60 歲以上的司機逾 11 萬人，80 歲至 89 歲的司機有約 1600 人，90 歲或以上的也有近 50 人；而的士司機之中，更有過半數是 60 歲以上的。誠然，香港人口老化是高齡司機愈來愈多的主要原因，有報導說香港最高齡的駕駛執照持有人是 100 歲，聽起來匪夷所思，但原來不是香港獨有，鄰近的老齡化社會同樣有高齡司機意外頻生的問題，各地政府也十分頭痛，紛紛推出應對措施，值得特區政府仔細參詳。

內地有以年齡限制司機的駕照種類，例如 60 歲以上人士不可駕駛大型或中型客運車、貨櫃車、重型貨車、巴士等，70 歲以上長者更只可駕駛小型汽車和輕便電單車，並且要求司機每年進行體檢。

日本的士司機的平均年齡 60 歲，但是因應人口老化，退休年齡不斷後移，已有不少的士公司把司機的退休年齡定為 75 歲，為應對這現象，日本政府對職業司機的駕駛經驗、技能測試及身體狀況有嚴格要求，包括雙眼視力要在 8.0 以上、要通過三維（識別立體的能力）效果測試、地理測試等，若檢出患有認知障礙者，會吊銷其駕照。此外，日本政府曾推出「駕照自主返還制度」，主動交還駕照的人士可獲得一份「駕駛經歷證明書」，65 歲以上的證明書持有人可在交通、餐飲、購物等各方面享有優惠，以鼓勵長者主動交還駕照，減少高齡司機的人數。

台灣對的士司機的年齡限制是 70 歲，但是只限於白天載客，並且要通過年度體檢、認知功能測驗，68 歲以上駕駛者則必須通過睡眠品質問卷調查及其他體檢要求。

　　韓國沒有職業司機年齡限制，大約有四成的士司機是 65 歲以上，並曾出現 93 歲的士司機的最高齡紀錄，而韓國政府正研究推出的措施，我認為非常突破，就是——VR 路試——韓國政府計劃於 2025 年起，強制所有 65 歲以上的司機參加 VR 駕駛測試，考驗視力、反應、路面認知等等，屆時要通過 VR 測試才可續牌！澳洲也要求 75 歲以上的司機必須通過每年體檢，85 歲以上則再加每兩年做一次道路駕駛評估。

　　回說香港，根據《道路交通（駕駛執照）規例》（第 374B 章）的規定，70 歲或以上司機在申領或續領駕駛執照時，須提供由註冊醫生簽發的體格檢驗證明書。但是坊間普遍認為不同醫生的嚴格程度不一，體檢項目亦沒有統一要求。此外，香港沒有職業司機年齡限制，反映整個司機監管制度有不少收緊空間。上述提及的職業司機年齡限制、認知障礙測試、三維效果測試，甚至 VR 路試，都值得考慮，特區政府應儘快研究，大力改革，以免有更多人命喪高齡司機輪下。

2023 年 3 月 9 日　《悅傳媒》〈棟悉港情〉

李家超於 2022 年 4 月 6 日辭去政務司司長之職後，隨即展開行政長官競選工程，並於 4 月 11 日拜會新民黨，闡釋政綱，爭取支持

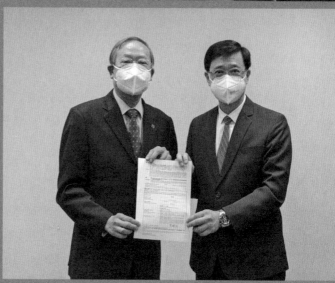

新民黨全力支持特區政府完善地區治理，重塑區議會。
新民黨團隊上下一心投入地區工作，爭取市民支持

抗疫復常，
恍如隔世

第 四 章

隔離檢疫
是病假

　　香港抗疫兩年多，社會一直因為特區政府各種防疫抗疫措施而衍生不少僱傭紛爭，例如打工仔快測陽性但沒有「醫生紙」拿不到病假、密切接觸者沒有染疫但需接受檢疫算不算病假、在隔離期間遭無良僱主解僱怎麼辦，相對地僱主亦擔憂員工造假、騙病假，各種「情境題」應有盡有，複雜過 DSE 考題，也考起特區政府。

　　特區政府官員雖然呼籲僱主要有良心，要體諒染疫僱員，要酌情處理作彈性安排云云，但是這些「開口牌」沒有法律效力，說得天花龍鳳也未能讓打工仔安心，特別是手停口停的基層市民更感徬徨。來到 2022 年 2 月，第五波疫情的確非常嚴峻，隨着確診人數每日劇增，僱傭糾紛也愈來愈多。特區政府後知後覺地提出修訂僱傭條例（《2022 年僱傭（修訂）條例草案》），釐清甚麼是抗疫病假，提出相關保障事項，算是遲到好過無到。

　　既然特區政府踏出了第一步，立法會也不能怠慢，隨即成立了《2022 年僱傭（修訂）條例草案》委員會來審議這條例草案，並由新民黨副主席容海恩議員擔任委員會主席，我

則加入作委員。這是我加入立法會後，第一條參與審議的條例草案。

猶記得在 4 月 7 日的委員會視訊會議上，時任勞工處處長孫玉菡在回應我的提問時，承認在修例前，密切接觸者並非確診者，即不是生病，即使接到「檢疫令」也未能視為病假。之後，新民黨和勞工處保持密切聯繫，我們積極提出有關《條例草案》的修改建議，例如關於日落條款、先訂立後審議、雙重否定句等等，孫處長虛心聆聽，經雙方討論後，孫處長接納我們的建議並作了適當修改，因此也加快了審議的進度和效率。

最終，委員會只是召開了三次會議便完成《條例草案》的審議工作，反映新一屆立法會的運作可以有水平有效率，行政立法可以相輔相成。

說了這麼多，我相信最讓打工仔高興的是，立法會已於 2022 年 6 月 15 日三讀通過《2022 年僱傭（修訂）條例草案》，相關法例將於刊憲後生效：

一、新冠肺炎確診者或密切接觸者等等，因為遵守《預防及控制疾病條例》（第 599 章）的「隔離令」、「檢疫令」、「圍封檢測」等而沒有上班，即使沒有「醫生紙」，也和其他生病情況一樣，可獲得有薪病假。

二、若僱主解僱上述僱員，屬不合理解僱，即視為違法。

三、僱員向僱主提交的證明，除了「醫生紙」，也包括特區政府發出的書面或電子形式文件，以及電子數據。

四、相對地，若僱主解僱沒有合理原因卻一直拒絕接種疫苗或未能出示有效「打針證明」的僱員，不屬不合理解僱，即沒違法。

五、今次的修訂沒有追溯期。

2022 年 6 月下旬，疫情有反彈趨勢，6 月 15 日便達千宗確診，未來疫情怎樣發展仍未可知，無論如何，今次修訂了僱傭條例，大家便有法例可依，相信可在抗疫路上，減少僱傭糾紛。

如果「七一」後
做全民強檢

　　香港回歸 25 週年前夕，疫情持續反彈，2022 年 6 月 26 日單日確診個案升至 1917 宗，已是連續多天四位數字，真是如李白詩曰「抽刀斷水水更流」，彷彿無論如何也無法截斷傳播鏈。

　　一海之隔的澳門又如何？澳門一直緊隨內地的抗疫策略，已持續長時期清零，不過最近都被 Omicron 攻入，雖然 6 月上旬單日確診個案只有百多宗，但是澳門行政長官賀一誠已形容為「疫情嚴峻」（6 月 23 日），並且快速應變，「不會躺平」，包括關閉酒吧、蒸氣浴室等場所，禁堂食等等，最重要是果斷決定做三次全民強制核酸檢測，加快抗原測試，再補個別地區強檢。市民不做強檢的話健康碼會轉黃色，不能出入公共場所，不能乘坐公交，若給司警發現，會立即送去做強制檢測，要待至有檢測結果才可離開。澳門政府的措施層層推進，有望遏止疫情。

　　香港的抗疫路大不同，過去特區政府拖拖拉拉，我們已錯過進行全民強制檢測的最佳時機。此外，以往說要做全民強檢時，連帶要克服兩大難題，一是指香港的檢測能力不足

以應付全民強檢；二是說全民強檢要配合全民禁足才有效，這可是個大難關。

不過，此一時彼一時，香港目前的情況已和之前大不同，最主要是疫苗接種率已大大提升。截至 2022 年 6 月 26 日，已打第一針的市民有 92.6%，第二針 88.5%，第三針也有 63.6%，算是有了全民屏障，因此，即使現在進行全民強制檢測，我認為無必要全民禁足了。

此外，若現在做全民強檢，我建議以混合形式進行，即是核酸檢測加快速抗原測試。特區政府選定日子，要求全民先做快測，並且須在指定網上平台呈報結果。由於特區政府已有全港市民的疫苗接種記錄，大可運用程式以市民的身份證號碼（或其他身份證明文件）記錄市民的快測結果。第二步才是全民強制核酸檢測。

至於香港的檢測能力，我建議仿傚澳門的做法，用十管一測的方式，如果十管裏有呈陽性，該十管的市民會收到通知，要到檢測中心覆檢，以確定是誰人染疫。另外，特區政府可以參考早前的做法，派員上門為行動不便的長者及市民做檢測。

如此這般，至少有望揪出隱形傳播者，讓香港內部社會面清零。同時，外防輸入也要加強，例如海外來港人士必須有核酸檢測陰性結果才可登機，到港後亦必須再做核酸檢測

等等，這些措施鬆懈不得。

　　新一屆特區政府幾天後便會上任，抗疫仍是壓倒一切的任務。所謂新人事新作風，期望新任行政長官連同新任醫務衞生局局長，能果斷推出強而有力的抗疫措施，包括全民強檢，儘快遏止疫情，讓香港能與內地及海外通關。

2022 年 6 月 27 日《am730》〈黎 SIR 事務處〉

易帥後的
抗疫工作

論「七一」前後香港在抗疫上的最大分別，大抵就是易了帥，改由新上任的醫務衞生局局長盧寵茂教授坐鎮，給市民指揮若定的感覺。從傳媒報導所見，盧局長馬不停蹄到處視察，會見傳媒，解答提問，亦適時更新一些抗疫措施，以應對不斷變化的疫情，包括取消航班熔斷機制；決定從 7 月 15 日起，居家隔離人士必須佩戴電子手環及不能離開隔離地點；又表示正研究推出「紅黃碼」，「紅碼」識別確診人士，「黃碼」識別入境檢疫者，這些都是正確的方向。

另一個例子是深圳灣口岸的特別核酸檢測安排。港人陸路北上需經深圳灣口岸，離境前要做特別核酸檢測。特區政府成功爭取內地增加「健康驛站」名額、新設「人文關懷通關名額」、延長旅檢通關時間後，途經深圳灣口岸北上的港人便大大增加，人一多便出亂子，包括大排長龍，市民要苦等六個小時才取得特別核酸檢測結果，又有人檢測陽性後獲告知要「自己想辦法離開」，於是他自行拆掉手帶後便乘車離去，這些亂狀當然遭傳媒大肆報導。

2022 年 7 月 10 日，盧局長親自到深圳灣口岸視察，了解情況。我認為他首先做對的，是在鏡頭前向市民致歉，讓

市民感受到他的誠意，「條氣都順啲」。之後盧局長隨即着手改善安排，包括在四日後（7月14日）便推出了網上預約系統，這效率讓人想起幾個月前拖拖拉拉「推極唔出」的快測陽性申報平台（2019冠狀病毒快速抗原測試陽性結果人士申報系統），今次這「速」真是「提」得讓人感歎！

推出了網上預約系統，市民根據預約時段到達深圳灣口岸，便可進行特別核酸檢測，屠龍工夫到位，大大減低口岸現場聚集的人流，自然有利抗疫。此外，若在現場特別核酸檢測結果陽性的市民，再也不能偷雞自行回家，而是會即時獲發隔離令，移送往社區隔離設施。這些安排可謂撥亂反正，讓深圳灣口岸回復正常有序的運作。

解說工作方面，盧局長的表現亦不俗。例如針對與內地通關，盧局長明言現階段向內地要求完全免檢疫通關，「並不合理」，反而應「採取與內地標準一致的核酸檢測安排」，逐步「增加過境的方便程度及人數」，他亦說正在研究「兩地一檢」，這些說法務實易明，相信市民較易接受。相對地，盧局長沒有輕視抗疫的難度，面對近日持續上升的單日確診數字，盧局長明言預算疫情至9月會達高峰，抗疫工作「不能躺平」，需留意病人住院數字及醫療系統承擔能力，同時承諾不會讓疫情失控。新一屆政府上任半個月，這位新的抗疫主帥做了不少工作，期望他和特區政府持之有恆，達成習主席的第三個希望——「切實排解民生憂難」，做到「民有所呼，我有所應」。

2022年7月18日《am730》〈黎SIR事務處〉

「3＋4」所傳達的
重要訊息

　　新一屆特區政府上任個多月，香港的抗疫政策變得果敢、清晰，並且認清社會需要，更加貼近民情，例如在 2022 年 7 月初果斷取消航班熔斷機制便初贏掌聲。8 月 8 日，行政長官李家超聯同醫務衛生局局長盧寵茂，一起拋出第二彈，宣布放寬海外及台灣抵港人士的檢疫要求，由七日隔離檢疫，放寬至三日酒店檢疫加四天醫學監察（「3＋4」），而且醫學監察期間，該「黃碼」人士可以外出，可以乘搭交通工具，甚至可以上班、上學，只是不能進出「疫苗通行證」限制的表列處所、不能參加要除口罩的活動，而醫學監察期完成後，「黃碼」會轉回「藍碼」。

　　記者會上，我們再次感受到李家超重視團隊、分工有序的管治風格。作為行政長官，他清晰表達了特區政府在抗疫工作上不會躺平，同時會平衡風險及經濟動力，在風險可控的情況下，維護民生活動及保持香港的競爭力。他表達的訊息清楚易明，我亦十分認同。事實上，過去兩年多，香港一直實施嚴苛的入境檢疫安排，已令很多外商、外資怨聲載道，不論需要往返海外工作的人士，抑或心心念念想出外旅遊抖氣的市民，都因為龐大的時間成本和租住酒店的金錢成

本而卻步，經濟復甦更是大受打擊。如今放寬至「3＋4」，外商接受，市民拍手，我相信已向國際社會傳達重要訊息──香港正逐步與世界重新接軌。

醫務衛生局局長盧寵茂教授本身是醫學專家，對於抗疫自有其專業判斷。記者會上，他不亢不卑地闡述以科學為本的做法，根據數據分析從而作出「3＋4」的決定，這是對應目前疫情走勢的最適當安排，不會增加社區傳播風險。對於記者朋友「為甚麼不這樣」、「為甚麼不那樣」的來回提問，盧局長亦耐心解釋，我相信市民會接受。後來有意見認為「3＋4」都不夠，應該直接放寬至「0＋7」，即海外抵港人士不用在酒店接受檢疫，可直接回家接受七天醫學監察。盧局長回應說「冇辦法呢個時候承諾」（《明報》2022年8月10日），反之，他強調改變措施需要視乎數據及疫情發展，是精準抗疫；期後盧局長亦有親自到機場視察精簡檢疫的流程，我認為是謹慎及負責任的做法。

誠然，市民對於措施變更都需要適應期，例如有檢疫酒店因為要處理大量客人提早退房、退錢而亂作一團。「3＋4」措施於2022年8月12日正式實施，加上「紅、黃、藍」碼，屆時有可能出現下載不了「安心出行」，「紅、黃、藍」碼不轉色或轉錯色等等問題，還有「黃碼學生」如何向學校申報等等，特區政府千萬不要自亂陣腳，只要好好解決，清楚解說，理應遊刃有餘。

2022年8月11日 《悅傳媒》〈棟悉港情〉

兒童重症，
一宗也嫌多！

新冠疫情正在反彈的勢頭，香港已連續多天錄得 5000 宗上下的單日確診記錄，2022 年 8 月 16 日那天便錄得 5162 宗陽性個案，本地個案佔了 4890 宗，另外有十名病人逝世，反映疫情仍然嚴峻，抗疫工作不能鬆懈。

除了整體的疫情發展，出現幼童感染以致重症、病危甚至死亡的狀況更讓人擔憂。猶記得 2022 年 2 月的時候，分別有 4 歲男童、3 歲女童以及 11 個月大的女嬰染疫後死亡，當時社會感到十分震驚及痛心，特區政府經慎重考慮後下調合資格接種疫苗的年齡至 3 歲，不過當時很多家長對於幼童接種疫苗有猶疑，特區政府花了頗長的時間，配合疫苗通行證及上學安排等等措施，好不容易才提高 3 歲至 11 歲兒童的第一針接種率至 78.65%（截至 8 月 16 日），即仍然有約 10 萬名 3 歲至 11 歲兒童未接種疫苗，特區政府仍有很多工作要做。

時隔半年，最近又有幼童染疫後轉重症病危的個案，包括 2 歲 3 個月大的男童染疫後患上嘶哮症，要在兒科深切治療部留醫，需要插喉；另一名 5 歲 9 個月大的女童染疫後有

急性壞死性腦炎，情況危殆。這些兒童重症個案牽動整個社會的心，祈願他們能在醫護的悉心治療及照顧下，戰勝新冠。

兒童重症，一宗也嫌多。另外瑪嘉烈醫院亦有研究指有近兩成新冠康復兒童出現至少一種長新冠症狀，包括有兒童會短暫失去視力、記憶力衰退等等，這些情況都值得留意及需要長期護理。我十分認同政府專家顧問、港大兒童及青少年科學系講座教授劉宇隆在電台節目（8月16日）的說明，兒童送院期間涉及很多專業判斷及安排，因此家長若發現子女有不尋常情況，不要猶疑，必須儘快求醫，不要抱着「睇定啲」之類的心態，以免延誤救治。

疫苗接種方面，劉宇隆教授說「一針好過零針，兩針好過一針，三針好過兩針。」這是毋庸置疑的。特區政府於2022年8月4日起開放6個月至3歲的幼童接種科興疫苗，但是家長的疫苗猶疑現象似又重演，目前大約只有三四千名幼童接種了第一針，情況非常不理想。家長愛護子女無微不至，因此更需要明白接種疫苗的好處，特區政府需要全方位動腦筋，盡一切努力說服家長，放下不必要的疑慮，儘快讓幼兒接種疫苗，以保障他們的健康，預防感染後的急性併發症或後遺症。教育局局長蔡若蓮指教育局將與香港兒科醫學會舉辦網上講座，向家長講解接種疫苗的重要性，這些都是應該做及持續做的。

另方面，提高接種疫苗的便利性也很重要，例如公務員事務局局長楊何蓓茵表示把外展到校接種服務的人數門檻由 30 人降至十人，便是可行而靈活的做法。新學年即將開始，我也在此呼籲各位家長，請盡快讓子女接種疫苗，讓他們健康愉快地開學。

私家醫院
只掃門前雪？

邁向即將開學的 2022 年 9 月，新冠疫情又跑向嚴峻警戒線，近期的單日確診個案都有七八千宗，多位專家都預警隨時會日逾萬宗，特區政府更是嚴陣以待，加強了部分防疫措施，例如要求出席宴會的人士須持有及出示 24 小時內的快速抗原測試或 48 小時內的核酸檢測陰性結果，表列處所員工須每三天進行快速抗原測試等等，社會及業界普遍接受，大家為了遏止疫情都盡力配合。

不過，在抗疫的眾多板塊之中，私家醫院這一塊的表現差強人意。醫務衞生局局長盧寵茂於 8 月 26 日的疫情記者會上，指出公立醫院在疫情下壓力大增，但是私家醫院並未有效分擔壓力，接收公立醫院的轉介病人。目前 13 間私家醫院提供 364 張病牀，使用率只有 55.5%，部分私家醫院的使用率僅 10%–20%，更有三間私家醫院的使用率為 0%，即是盧局長說的「一張牀都無收過」；13 間私家醫院中有八間不及格，情況並不理想。盧局長呼籲私家醫院盡專業責任。行政長官李家超亦表示私家醫院在抗疫上有角色，不能接受私家醫院以「龜速」接收轉介病人（8 月 27 日）。

所謂「大門開了，小門不開」，私家醫院這邊自有其理

由。香港私家醫院聯會主席何兆煒反駁指接收率低有不同原因，例如醫管局撤回轉介個案，家屬或病人不願意轉院，週末及假日醫院人手少，甚至車的安排問題等等。這些理由聽起來似是而非，反而加深了私家醫院不積極抗疫的印象。事實上，私家醫院只掃門前雪，早有先例，猶記得 2022 年年初第五波疫情最嚴峻，公立醫院隔離及深切治療部牀位幾近爆滿的時候，私家醫院已是拒收新冠病人。當時何兆煒主席已公開表示要求私家醫院接收新冠病人是不切實際，又指私家醫院不會接收快速抗原測試呈陽性的病人（《am730》2022 年 2 月 21 日）。

大家不健忘的話，便會記得，後來是內地專家組來港研判疫情，國家衞健委新冠疫情應對處置工作領導小組專家組組長梁萬年清楚指示「香港要建立分層分流的診療體系」，特區政府才逐步要求私家醫院接收公立醫院的非確診病人。想不到才時隔幾個月，公私營醫療體系隔閡再現，彼此透過媒體隔空對駁更突顯溝通欠奉。

還有一點不能忘記，總書記習近平早在 2022 年 2 月 16 日發出了「抗疫壓倒一切」的重要指示，新一屆特區政府亦在盡力修正抗疫政策，務求做到以數據為基礎，平衡社會經濟及市民生活需要，精準抗疫。在這關鍵時刻，我們不能掉鏈子，但願特區政府、醫管局和私家醫院加強溝通，儘快理順接收病人的流程，做到「提速、提效、提量」！

2022 年 8 月 29 日《am730》〈黎 SIR 事務處〉

支持擴大「疫苗通行證」
適用年齡範圍

新冠疫情何時了，高官專家知多少。疫情反彈再反彈，近期的單日確診數字都在近萬宗的高位徘徊，例如 2022 年 9 月 2 日的本地感染個案便逾 9700 宗，政府專家顧問許樹昌指目前的新冠病毒即時有效繁殖率超過 1.3，而醫院管理局行政總裁高拔陞則說目前大約有逾 2600 人住院，平均每天有逾 300 人入院，已對公營醫療系統構成一定壓力。更重要的是，死亡及重症病人大多並未接種疫苗，而「一老一嫩」的疫苗接種率偏低，仍是最令人擔心的。

雖然疫情如此嚴峻，但是社會要求通關及復常的聲音仍然強烈，特區政府絞盡腦汁，要在遏止疫情及維持社會經濟活動、市民照常上班上學之間取得平衡，既不欲輕言停課，又不想動輒禁這禁那，真是一點也不容易。繼早前推出「疫苗通行證」紅黃碼、境外來港人士「4＋3」檢疫、出席「宴會」要持有及出示 24 小時內的快速抗原測試或 48 小時內的核酸檢測陰性結果等等，接着要推高兒童的疫苗接種率，擬把「疫苗通行證」的適用年齡下調至 5 歲起；此外，11 月開始，中學要有九成師生已接種第三針疫苗，才可申請全日面授上課。這些措施都具針對性，以精準抗疫為目標，我全

力支持。

根據特區政府目前的數據，3 歲至 11 歲的年齡組別（人口 50 萬人），只有 33 萬人接種了第二針、6 萬人接種了第三針；至於 12 歲至 19 歲的年齡組別（人口 44 萬人），則有 42 萬人接種了第二針、24 萬人接種了第三針；相對於該年齡組別的人口，接種率的確不理想，加上有未接種疫苗的新冠兒童患者出現不同程度的併發症、重症及長新冠後遺症，兒童接種疫苗實在十分重要，是保障兒童生命健康的有效屏障。

不過，家長對於「疫苗通行證」的適用年齡下調至 5 歲有爭議，除了有人不滿特區政府是為谷針而谷針，或者仍擔心幼兒打針會有副作用外，家長的直覺反應是「甚麼？那要買手機給幼童？要幼童隨身帶手機出街？跌了手機怎樣辦？這是鼓勵幼童帶手機嗎？」亦有意見認為買手機是加重基層家庭的負擔等等。

我十分理解家長這些疑惑，但是子女的生命和健康應該比買不買手機重要。再者，特區政府已表示接受紙本針卡，而且 5 歲至 11 歲的兒童只需接種兩針疫苗便符合「疫苗通行證」的要求，這些訊息應可釋除家長的疑慮。我十分認同醫管局總行政經理劉家獻所說：「大家都明白，打針對小童是非常重要！」希望家長理解特區政府的抗疫決心，不要遲疑，儘快讓子女接種疫苗，讓他們健康快樂地上學。

另一方面，我認為特區政府要檢視目前圍封強檢的成效，加密執法次數，提高罰則，加強阻嚇力。根據目前的條例，市民不遵從「強制檢測公告」即屬犯罪，可處定額罰款1 萬元；不遵從「強制檢測令」更可處第五級罰款（5 萬元）及監禁六個月。雖然特區政府會不定期到圍封強檢的小區或屋苑突擊執法，抽查居民有沒有做強檢，並且向違反「強制檢測公告」的居民發出罰款告票，但是罰款人數比例很低。例如特區政府於九龍灣彩興苑發現 127 人違反「強制檢測公告」，卻只向 16 人發出罰款告票（8 月 15 日）；8 月 24 日在馬鞍山錦暉苑發現 66 人違反「公告」，只發出 36 張告票。長沙灣凱樂苑更離譜，竟多達 168 人違反「公告」，但只發出 24 張罰款告票（8 月 30 日）！可見仍有很多市民漠視疫情、無視法例，或者以為「唔做強檢都無事」，看來特區政府在這方面仍有大量工作要做，必須嚴格執法。

2022 年 9 月 5 日《am730》〈黎 SIR 事務處〉

有效國藥，
為何不用？

　　有團體提出「國藥港用」，雖然並未引起甚麼大水花，我卻認為值得深入探討。

　　根據目前的法例，藥物要在香港出售及使用，是需要在香港註冊及有法例規管的。《藥劑業及毒藥條例》及《藥劑業及毒藥規例》要求藥物（「藥劑製品」）符合質素、安全及效能等標準，並且獲得香港藥劑業及毒藥管理局批准註冊，才可以在香港銷售及使用。而如果新藥物或藥物含有新的未註冊成分（「新的藥劑或生物元素」）等等，該藥物則要在《藥劑製品／物質註冊申請指南》列出的 32 個「參考國家」中，取得至少兩個「參考國家」的藥物監管機構（世界衞生組織的指定藥物監管機構、國際醫藥法規協調會議成員）發出的註冊證明文件，證明該藥物已經第三方審批及已合法有效地使用，確保藥物安全，保障市民健康。

　　這個「二層審查」制度，在香港由來已久，執行亦相當嚴格。說白了，就是「人哋用過話好喎，應該無咩問題啦」的心態。

　　的確，在新冠肺炎疫情出現前，上述「二層審查」制度

的確行之有效，直至疫情把我們殺個措手不及，內地中成藥
「連花清瘟膠囊」有效舒緩症狀，但衛生署突擊搜查多區藥
店（2022年2月）並檢出大量內地版「連花清瘟膠囊」，我
們才知道原來同是「連花清瘟膠囊」，繁體字港版已在港註
冊，可合法銷售，但是簡體字內地版則並未在港註冊而變成
非法藥物。

為甚麼會出現內地藥物的註冊爭議？歸根究底，我認為
是香港的法例及制度追不上時代，問題核心是上文提及的32
個「參考國家」，原來一直沒有中國的份。先別說中醫中藥
的悠久歷史，國家近年醫藥業的發展、對近代醫學的貢獻，
實在有目共睹。例如獲得2015年諾貝爾生理學或醫學獎、
2016年國家最高科學技術獎的中國科學家屠呦呦，她帶領團
隊從青蒿中提取青蒿素，治療瘧疾，造福非洲、南美洲。此
外，中國是全球最快有效遏止新冠疫情的國家，亦派遣了專
家醫療隊去別國協助治療。中國的國家藥品監督管理局已是
國際醫藥法規協調會議成員，算起來，相信中國有資格登上
香港《藥劑製品／物質註冊申請指南》的「參考國家」榜。
立法會醫療衛生界林哲玄議員於2022年4月曾去信衛生事
務委員會，要求香港藥劑業及毒藥管理局把中國加入上述
「參考國家」名單，我認為非常合理。新一屆政府、新的醫
務衛生局應該儘快檢討相關做法。

事實上，國家主席習近平相當重視國家的醫藥業發展，
肯定中醫藥在抗疫中的貢獻，亦對中醫藥發展作出重要指

示，説「要促進中醫藥傳承創新發展，堅持中西醫並重和優勢互補，建立符合中醫藥特點的服務體系、服務模式、人才培養模式，發揮中醫藥的獨特優勢。」（2020 年）國家《十四五規劃綱要》亦對中醫藥發展有清晰的發展目標和列出重點措施。若香港繼續重西輕中，有國藥不用，又不檢討目前的藥物註冊制度，便會拖慢融入國家發展大局的步伐，無助提升港人的整體健康水平。

澳洲香港，
抗疫大不同

　　有傳媒朋友問我「消失」了一段日子究竟跑到哪裏去了，其實我是把握立法會休會期，飛往澳洲探望疫情下已有三年沒見的孫仔孫女，體驗了異國和香港的抗疫大不同。

　　澳洲已取消所有入境防疫檢疫要求，在航機上不用佩戴口罩，出入境不量體溫，不查針卡，不做檢測。在澳洲大地上已沒甚麼人會佩戴口罩，商場食肆人頭湧湧。我參加了朋友的生日派對，宴會上嘉賓朋友們飲酒作樂，氣氛熱鬧，沒人忌諱疫情，彷彿穿越到新冠疫情爆發前。

　　澳洲政府亦已宣布不會每天公布單日確診、入院及死亡數字，而改為一星期公布一次。若有人中招，需自行向衛生部門申報，家居隔離亦已由七日減至五日，但對高危患者，例如 70 歲以上長者和有長期病患的人則免費上門派發新冠口服藥。

　　除了上述這些，澳洲還有一點和香港大不同，就是澳洲的疫苗接種率相當高，已超過九成人口接種了三劑疫苗，而且預計很快便可接種針對 Omicron 的疫苗。

所謂歡樂的時光過得特別快，和孫仔孫女敘了天倫，我轉眼便得回港。

　　從海外登機回港，乘客要符合香港衛生署的要求，就是要已接種兩劑疫苗，及要持有起飛前 48 小時內的核酸檢測陰性報告。

　　在澳洲機場做核酸檢測相當方便快捷，盛惠 79 澳元，採樣後 90 分鐘便會收到電郵及手機短訊通知檢測結果，還有檢測證明書。之後我便可以預辦登機手續，把核酸檢測陰性報告及疫苗接種記錄，上載到航空公司指定的 APP，同時填寫網上健康申報表，取得一個綠色二維碼。大約兩小時後，航空公司確認所需文件齊全，不用補交。

　　之後我在航空公司櫃枱辦理一般登機手續，戴上口罩登機去。九個小時的航程要全程戴着口罩，其實都有點苦悶，但是想着很快便到港，那就捱過去了。

　　過去兩年，我曾有兩次從內地飛回香港的經驗，當時的機場檢疫手續有點煩又有點慢，我下機後要做核酸檢測，並要在特定區域等待，直至有採樣陰性結果才可離開。

　　這次不同了，相關流程簡便快捷了很多。飛機抵港後，我下機步行五分鐘左右便有一個核酸採樣站。我進入採樣站，首先量體溫，用酒精搓手液清潔雙手，然後走到櫃枱前，出示我在登機前取得的手機綠色二維碼及香港身份證，

工作人員核對資料後，發給我一個綠色帶子吊着的黃色牌，牌後面有一列序號。

採樣站有很充足的人手，入境人士不用排長龍等候。我做了快速抗原測試，亦做了核酸檢測，但是不用像以往那樣坐等結果，而是可以隨即離開採樣站，前往抵港大堂，辦理入境手續、取行李。

衞生署在海關櫃枱前設置了一個特別關卡，工作人員以電腦核對我那個黃色牌的序號，讀取我的快測結果。意想不到的是，原來我剛才辦理入境及取行李的速度太快，竟然連十分鐘也未過去，我的快測結果還未出來呢！

稍等一會後，我的快測陰性結果出來了！我便繼續向前，通過了海關的櫃枱，出去抵港大堂，準備前往檢疫酒店，體驗「3 + 4」新模式。

我沒乘搭檢疫酒店提供的免費穿梭巴士，而是選乘了自行付費的檢疫的士，前往檢疫酒店。雖然早前有報導踢爆檢疫的士違規操作，我相信只是極少數害群之馬所為，在我看來，司機認真嚴謹——上車前，工作人員向我的行李噴消毒藥水消毒。司機在開車前向其所屬的士台報告他接載了多少名客人、前往哪間檢疫酒店。到達酒店前，司機又再報告一次，讓檢疫酒店預備。因此，當的士抵達目的地時，穿着保護衣的酒店人員已在等候。

酒店人員沒有把我帶到酒店大堂，而是走了另一條通道，通道入口有人員辦理入住手續，只需拍攝身份證相片，過程快到飛起。之後我便使用檢疫升降機到特定樓層，去到房間時，熱辣辣的晚餐已在等候，還真讓人食指大動。

　　根據「3＋4」新模式，我需待在這房間隔離三天，期間每天早晚要量體溫一次，每天要做快測，第二天要做核酸檢測。快測結果要通知酒店及透過指定 APP 通知衛生署，同時要把檢疫令下載至手機，我的「安心出行」疫苗通行證轉為黃碼。

　　這次回港，讓我親身體驗了新一屆政府上場後的一些轉變，整個機場檢疫流程精簡了很多，既省時，也顧及入境人士的心情，是好的轉變。

香港有條件
放寬至「0 + 7」

新一屆特區政府上場三個月，在抗疫方面做了不少工作，包括取消航班熔斷機制、把入境檢疫日數減至「3 + 4」（三天酒店檢疫加四天醫學監察）、推出「安心出行」紅黃碼、簡化機場檢疫安排、疫苗通行證適用年齡下調至 5 歲起等等，實實在在都反映行政長官及官員的抗疫決心。可是疫情未算完全受控，2022 年 9 月 20 日的單日確診個案仍有5000 多宗，而在社會經濟飽受重創，大型活動、國際賽事蟬過別枝，郵輪一去不返等等情況下，社會上要求開放、通關、復常、「0 + 7」的聲音愈演愈烈，工商界、議員，甚至醫療專家都同聲呼號，訴求一致，特區政府難以漠視。

世界各地陸續開放、復常，香港要怎樣在精準抗疫的同時，追上其他國家地區的開放步伐，挑戰重大，特區政府要審時度勢，更要適度有為，既要推動生活復常，刺激經濟活力，更要確保醫療系統不會因為開放、通關而崩潰。

在我看來，特區政府仍有空間放寬或優化一些措施，例如：

一、鑑於世界各地提供核酸檢測服務的地方及機構愈來愈少，在外地做核酸檢測並不方便，特區政府可研究取消來港人士在登機前必須有核酸檢測陰性證明的要求。

　　二、可統一要求入境人士在抵港時在機場做核酸檢測及／或快速抗原測試，從而堵截陽性者，防止他們把病毒帶入社區。

　　三、突破一點的想法，可要求來港人士在航班上做檢測——反正大部分來港航班均會提供餐飲，乘客用餐都要脫下口罩，那何不要求乘客在用餐時段，順道（1）做快測，及（2）做核酸採樣。機組人員統一收集機上全員的快測結果及核酸採樣樽，抵港時向當局申報快測結果，快測陰性的乘客可以離開機場；核酸採樣樽則集體運往化驗。

　　當然，要順利執行上述安排，也有很多細節要考慮及克服，例如當局要與航空公司商訂達標的採樣程序、要有達標的儲存樣本的儀器、達標的運送樣本流程，機組人員也要接受採樣培訓等等。

　　四、仿傚有些地方，入境人士須下載及使用有追蹤功能的「安心出行」（或其他程式），若入境人士進入指定處所或食肆，將有記錄，而記錄將於指定日數或該人士離港後刪除。

　　五、要求入境人士在留港期間定期做核酸檢測。

如此這般，香港是有條件有空間把入境檢疫要求放寬至「0＋7」甚至「0＋3」、「0＋4」的，期望特區政府慎重考慮，以滿足社會的廣泛訴求，讓香港作最大程度的開放，恢復與世界各地的往來。

此外，有見香港目前採用的兩隻疫苗，雖可減低重症及死亡風險，但是在防感染方面成效較低，因此特區政府需研究採用第二代疫苗的可能性，以應對 Omicron 等高傳播力的病毒株。特區政府也需向公眾交待採購第二代疫苗的計劃、進度及時間表等等，增加市民的抗疫信心，讓整個社會攜手復常。

2022 年 9 月 22 日　《悅傳媒》〈棟悉港情〉

不是鬆一口氣
的時候

自從 2022 年 9 月 26 日放寬入境檢疫日數至「0 + 3」以來，社會便有聲音要求進一步放寬至「0 + 0」。如果用內地網民的口吻演繹，大抵會來一句「香港今天實施 0 + 0 了嗎？」答案大家都知道，未。

抗疫三年，市民忍得苦，心理上當然希望能早日脫苦海，可以自由自在去旅行，沒有隔離，甚至沒有口罩。商界當然也心急如焚，希望旅客回歸，生意回歸，盈利回歸。我相信這些特區政府都懂，不過說到抗疫，還是得讓數據說話。

正如行政長官李家超所說，採取甚麼樣的抗疫措施，目標都是讓市民有最大的活動空間，而「0 + 3」實施以來，機場出入境人次都有增加，入境人次上升約三成，反映在人流往來方面增加不少活力，不過也正因為人流往來頻繁了、活動限制少了，單日確診個案有反彈趨勢，近日回升至單日近 5000 宗，特別是輸入個案更由未實施「0 + 3」的單日百多宗增加至「0 + 3」後的單日近 400 宗，即增加了兩倍多，這點不能輕視，必須警惕。再加上又有新的變種病毒出現，

出現首宗新冠 XBB.1 亞系輸入個案，貿然放寬一切，跳至
「0＋0」，並不適合。相對地，「睇定啲」、逐步來，這才是
務實做法，也是特區政府這段期間採取的態度。

另一方面，「二十大」召開在即，有報導指「二十大」
後內地可能放寬抗疫，香港與內地通關在望云云，也有報導
指內地抗疫「絕不躺平」，在堅持「動態清零」的國策下，
通關之路仍很遙。無論如何，現在仍不是可以鬆一口氣的時
候，估計「0＋3」還會實施一段日子。

嚴懲失德醫生

習主席說「上下同欲者勝」——抗疫，本來就是整個社會人人有責的事，大家上下同心，目標一致，彼此積極配合特區政府的抗疫措施，主動接種疫苗，若不幸檢測陽性則依規申報，如此這般，我們便有望戰勝疫情，真正復常。

可惜的是，樹大總是有枯枝。近日連續揭發有失德醫生，濫簽濫發「新冠疫苗接種醫學豁免證明書」（「免針紙」）謀取暴利，截至目前已累計有七位私家醫生被捕（及通緝），當中有醫生收取數千元發出一張「免針紙」，而涉及的「免針紙」竟有25000張之多，數量佔了有效「免針紙」的一半，誇張得叫人咋舌！

特區政府接納「免針紙」，原意是讓健康情況不適宜接種疫苗的市民有所證明，遭到如此濫用，實在始料未及。醫生為了謀取利益，違背醫德，忘記了維護社會整體健康的責任，知法犯法，製造及發出虛假文書，實在非常要不得，而因為他們濫發「免針紙」，大批市民成功逃避打針，而有可能造成的防疫漏洞甚至生命損失，是由整個社會來承擔的！因此，這批醫生必須嚴懲，例如釘牌或入獄，以儆效尤。

不過，特區政府更加需要深思的是，為甚麼會有這麼大批市民，不惜犯法，寧願豪花數千元買一紙假證明，也不肯接種疫苗？真的是身體狀況不宜打針那麼簡單嗎？是疫苗猶疑？擔憂有甚麼疫苗副作用？抑或背後有政治或其他原因？而在宣布這 2 萬多張「免針紙」將於 2022 年 10 月 12 日起全部作廢後，特區政府又要怎樣使這些「企硬」的市民，說服他們「轉軚」，轉而願意接種疫苗？抑或任由他們轉而向其他醫生「求助」，變相造就下一個濫發浪潮？

　　另外，雖然今次算是「醫健通」大發神威，因為記載了大量異常記錄而揭發狀況，但是這樣並不足夠。特區政府要盡快檢討醫生簽發「免針紙」的整個程序，研究怎樣做到防範於未然，是加強關卡，還是加強抽查？是加強打針誘因，還是加強不打針的罰則？這當中的空間很大，即是還有很多工作要做。

　　日前，行政長官李家超開宗明義，指要疫情走勢符合預期，要在可控範圍內，特區政府才有空間進一步放寬抗疫及檢疫措施。因此，我們更不能讓濫發「免針紙」的情況再現，拖復常的後腿。這是特區政府展現魄力及決心的時候——該執法便執法，該嚴懲便嚴懲！

2022 年 9 月 29 日　《悅傳媒》〈棟悉港情〉

修例賦權，
合法合理

2022 年 11 月 1 日早上，行政長官李家超在行政會議開始前會見傳媒，有記者問及「免針紙案」，問特區政府在司法覆核敗訴後，不上訴而搞修例，是不是傳達錯誤訊息云云，讓本已告一段落的「免針紙案」再次受到關注。我相當認同李家超當時的回應——記者提問有誤導之嫌，特區政府有責任確保公共健康得到有效及迅速保護，修例的做法是依法辦事。

回顧一下，事情的起因是 2022 年 9 月的時候，警方拘捕七名私家醫生，他們涉嫌濫簽濫發「免針紙」（新冠疫苗接種醫學豁免證明書）謀取暴利，涉及的「免針紙」約有 25000 張，涉款千萬計。特區政府於 9 月 27 日以新聞稿宣布這批問題「免針紙」將於 10 月 12 日失效。之後，「長洲覆核王」郭卓堅入稟法院申請司法覆核並且勝訴（10 月 21 日），法庭指政府官員的權力源自法例而非新聞稿（A Government minister gets his or her legal powers from legislation‑and not from an announcement made in a press release），及裁決醫務衞生局局長沒權力推翻或使「免針紙」失效（there is no power for the Secretary to overturn or invalidate a specified medical exemption certificate or a selection of such specified medical exemption certificates）。

　　事情的轉折是，特區政府並未因為輸了官司而上訴來尋求改變裁決，而是針對法庭判詞指「醫務衛生局局長沒權力……」，而選擇修改法例來賦權局長。行政會議於 10 月 25 日通過修訂《香港法例》第 599L 章《預防及控制疾病（疫苗通行證）規例》第四部〈指明醫學豁免證明書〉，17A 條「宣告個別醫學證明書失效」第（1）款便列明「如局長有合理理由懷疑，某註冊醫生在向某人發出醫學證明書前，沒有對該人進行臨牀評估，……則局長可作出宣告──（a）識別該醫生及描述該證明書；及（b）宣告該證明書屬失效證明書。」修訂法例在 10 月 26 日刊憲生效，隨後提交立法會以「先訂立，後審議」的方式通過。換句話説，現在醫務衛生局局長有權廢除有問題的「免針紙」了。

　　質疑的聲音指特區政府不上訴而修例的做法是繞過法庭，輸打贏要，甚至無限上綱至破壞法治。表面看來，這些説法好像站在道德高地；實際上，這些説法禁不起推敲，因為在普通法制度下，上訴只是應對輸官司的其中一個方法，未必能百分百解決問題、堵塞法例漏洞。依照法律程序修例，賦權官員權力堵漏洞而不上訴，是普通法工具箱內常用的工具，並不是破壞法治，法庭從來不會説「不」，以往有個案是法庭延遲執行判決讓政府修例，皆因法庭的功能是解釋法律，沒有替政府解決問題的責任。

以今次的個案來說，特區政府要考慮防疫工作的急切性，關係香港的整體公共健康，做決定推措施要爭分奪秒。若選擇上訴，花費人力物力，審理過程曠日持久，特區政府可能錯失處理問題「免針紙」的最佳時機，手持這批「免針紙」的市民繼續不接種疫苗，亦提高了他們的染疫風險，提高疫情擴散的機會。此外，即使上訴，也不等於一定可以翻盤，若上訴庭維持原判，屆時才想怎樣堵塞法例漏洞便為時已晚。

　　反之，既然法庭已說明問題的癥結是「醫務衞生局局長沒權力……」，特區政府以修例來堵塞這個漏洞，直接賦權局長，提供了法律基礎，是合法合理而且具效率的做法。來自英國的終審法院非常任法官廖柏嘉（David Neuberger）早前回應「免針紙」風波時便說得清楚明白，高院判決特區政府在「免針紙」案敗訴和特區政府的回應，都對法治有利。

通關夢成眞

2023 年帶來好彩頭，皆因行政長官李家超在聖誕上京述職回來便帶來「通關夢成眞」的好消息，讓日盼夜盼的港人喜上眉梢。

通關不是夢，還有賴由 15 個政策局組成的「通關事務協調組」，日以繼夜地和內地部門溝通、協調、計劃，以期能趕在 1 月 8 日、即內地放寬入境限制的當天，同日開通落馬洲支線及文錦渡等口岸，迎接內地同胞，實施免檢疫通關。

從不同的報導，我們可以看到口岸、交通，以至旅遊、餐飲、藥房，甚至是地產業都動起來了，口岸人員也在積極演練，慎防開關甩轆。要做到開關順暢，出入境手續必須簡易，例如網上填表、掃二維碼等方法也可以考慮。不過，較為讓人意外的，是首階段開通的口岸不包括羅湖口岸及西九高鐵站，高鐵亦不會立即復運。雖然有議員對此甚為不滿，我卻不以為然，既然特區政府說好了通關的步伐要「逐步、有序」，那麼不一下子開通全部口岸，自然是經過仔細考量。

相對於是否重啟全部口岸，我認為兩地的通關配額，哪類人士可以優先申請，有沒有關愛配額等等，更為重要。皆因眾所周知，疫情三年，有很多家庭長期分隔兩地，家人患病也不得見，甚至錯過了最後一面，他們極需要「團聚配額」，儘快與內地家人團聚。此外，別忘記還有大量跨境學童，過去因為疫情而未能來港上學，靠網課維持學習，靠視頻維持與老師同學「見面」，學習效能及社交能力都已大打折扣，他們極需要「上學配額」，重新享受久違的、真正的校園生活。

還有最重要的，是如何防止兩地在通關後引爆疫情，有建議要求入境人士要先持有核酸檢測陰性證明，留港期間需做快測等等，這些都是好的建議，希望特區政府慎重考慮。醫療系統是抗疫的重要關卡，最近的單日確診數字維持高位，加上冬季流感殺到，本已對醫療系統造成相當負荷，若這關卡失守，通關便得不償失。

2023 年 1 月 5 日 《悅傳媒》〈棟悉港情〉

復常旅遊大四喜

香港全面與世界通關復常，我都趁着立法會休會，湊湊港人出外旅行的大軍，和家人飛布吉小休幾天，充電後再戰立法會。

出發當天，我是早上的航班，因此在大清早便到達機場。「喜」見機場人頭湧湧，櫃位人龍處處，漸漸回復疫情前的熱鬧景況。與疫情前不同的是，目視仍有頗多人戴着口罩，不過我相信這只是過渡期，稍後大家必然會放心地把口罩摘下。

第二「喜」是親身體驗入境處最新引入的出入境系統。首先是機場的全新容貌辨識系統，我進入機場禁區時，出示護照，讓入閘機自動拍攝我的臉部相片及登機證；在出入境管理櫃枱時，也使用了入境處最新推出的全新容貌辨識機，快速通關無難度。

第三「喜」是航機上有九成乘滿座，而且港人少，外籍人士多，反映香港這個國際航空樞紐正快速復原，真的是每個港人喜聞樂見。

三個半小時的航程後，我抵達布吉。和香港機場最大的不同，是旅客落機入境沒有入境健康申報要求，亦不要求旅客戴口罩，代表泰國已完全把疫情拋諸腦後，連尾巴也追不着。我在 20 年前來過布吉，發現 20 年後的布吉，多了很多商場、酒店、度假村。我住宿的度假村位置較偏僻，隱身綠林中，又與沙灘相連，環境十分寧靜，讓我度過了遠離繁囂、無拘無束的假期，是今次旅程的大四「喜」。

除了上述大四「喜」，這次旅程也有其他觀察。首先是瞥見度假村外兩旁的道路上放滿不同的人型宣傳牌，原來泰國將於 2023 年 5 月舉行大選，這些人型宣傳牌便是各位候選人的玉照。第二是布吉市面實在相當熱鬧，看來疫後經濟復原得很快，可喜可賀，「Hello Hong Kong」也要加把勁！

最後，我們都知道，雖然機場內人流多又熱鬧，但是機場及航空界的運力仍未百分百復原，其中一個原因是各個崗位都缺人。很多人在疫情期間丟失了工作，或者轉了行，現在一時三刻未能歸隊，甚至索性選擇退休而不會重返工作崗位。這個也不單是機場或航空界的問題，而是整個香港的問題，各行各業都疾呼人手不足，特區政府必須及早想出辦法，鼓勵本地人重投工作，釋放勞動力，同時也要精準找出最缺人的行業，適當地輸入勞工，填補空缺。所謂救市如救火，若因為人手問題拖了經濟復甦的後腿，對香港的長遠發展影響深遠。

2023 年 3 月 13 日《am730》〈黎 SIR 事務處〉

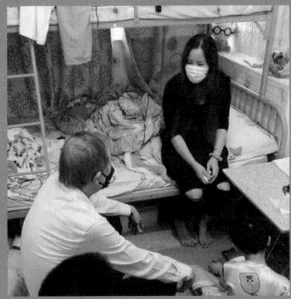

劏房住着一對母子，長期疫情下，單親媽媽已有
一段時間沒有工作，生計大受影響

疫情三年，新民黨一直走在抗疫最前線，
經常為基層市民、護老中心等送上抗疫物資

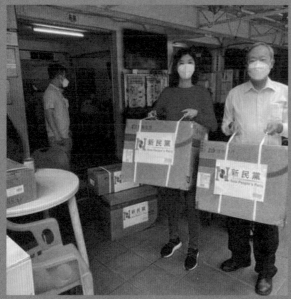

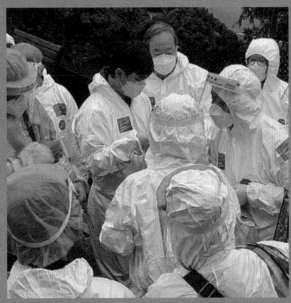

抗疫，本來就是整個社會人人有責的事，
大家上下同心，目標一致

傳承——向梁省德中學師生致辭

　　2023 年 5 月 19 日，我很榮幸獲得博愛醫院歷屆總理聯誼會梁省德中學的邀請，擔任第 41 屆畢業典禮的主禮嘉賓，與李家松校監、植文顯校長及眾多嘉賓、老師和家長一起，見證同學邁向人生的新階段。以下為當天我的致辭內容，謹在這裏和大家分享。

新冠疫情最嚴峻的時候，國家將我們所需要的
一切物資，源源不絕地運送到港，這就是國家
對我們的支持

各位尊貴的來賓、各位老師、各位家長，還有今天主角之中的主角：各位畢業的同學。

梁省德中學，久仰大名，不過，老實說，這是我第一次蒞臨貴校。貴校創立 41 年，培育了很多代人才。我不知道現在在座畢業的同學的父母，是否貴校的舊生，不過，無論如何，各位家長，我相信你們和我都有相同的感覺：你們的子女，長大了。你們沒有做錯決定，當年你們把子女送到貴校就讀是最好不過！

這六年的時間，不長不短，但在各位畢業的同學之中，在人生的路途之中，是一段非常重要的時光。過去三年，我們經歷了疫情，大部分時間大家都不能回到校園上課，要在家中通過網上學習。雖然如此，這個寶貴的經驗，我相信，必定為各位增添人生之中，精彩的一面。

我們剛才舉行畢業典禮的時候，開場時最重要的環節，就是升國旗、奏國歌。在座各位同學都是回歸後才出生的，關於回歸前的香港，你們只能從父母口中得知。《義勇軍進行曲》，是一首非常澎湃有力的歌曲，大家亦十分熟悉其歌詞，我不需要再作複述，它代表了中國人民，如何奮鬥、建築我們的國家，為我們人民謀幸福。

國家改革開放 40 多年來所取得的成就，是有目共睹的，但是過程之中的轉折，不是筆墨，或是簡單的一兩句說

話能夠形容的。今天，中國人站起來了。我們的國家由一窮二白，到宣布經已完全精準脫貧。全世界都認為，國家近來數十年的發展是歷史上的奇蹟。中國人的生活之所以獲得大幅改善，是我們每一位中國人，十分辛苦，努力奮鬥得來的成果。

國家對香港的支持

今天各位離開香港到國外旅遊時，相信大家手上持有的，都是中華人民共和國香港特別行政區的護照。若大家在海外任何一個地方遇到困難、問題的時候，第一個幫助我們的，就是中國駐外的使領館。回歸 25 年來，我們親眼目睹國家幫助香港在外居民的例子是多不勝數。例如大家比較熟悉的，大家可能還記得南亞海嘯、馬尼拉人質事件、埃及動亂、日本福島核電事故，我們都是得到國家的幫助，令當地行程受阻或遇到問題的香港人，能夠回家。我們亦可聯想到一些更接近生活的例子，我們今天一起牀，所用到的東西，所需要的物品，有多少是由內地運送到香港的？是絕大部分。雖然香港是非常先進、發展的城市，想買甚麼都有，但當我們遇到困難的時候，我們的日常用品，一無所缺，為甚麼？還記得在新冠疫情最嚴峻的時候，國家通過各種方法將我們所需要的一切物資，包括醫療、食物、日常生活的物資，源源不絕的運送到港。有沒有調高價錢？沒有，一毛錢也沒有，這就是國家對我們的支持。

最重要的環節，就是升國旗、奏國歌

過去受制於美國產品處處領先

回首過去國家的發展，有甚麼值得我們深思的呢？我在此分享一個例子。大家都知道，美國人發明了十分實用的東西，名為 GPS，環球定位系統。因為有 GPS，人們到世界各地都很方便。但這是美國的產品，是他們通過探索太空創造出來的新技術。現今我們的飛機、輪船，甚至汽車，全部都是使用 GPS 作導航。大家知不知道 GPS 除了用作導航功能外，其實在日常生活中，亦有很多使生活更方便的功能呢？例如通訊，需要 GPS 的衛星探測天氣，何時出現大雷雨，都是通過 GPS 信號得悉。

但是，大家知不知道，在 GPS 廣泛使用的時代，中國人面臨了甚麼羞辱事件？話說有一年，有一艘中國貨船，名為「銀河號」，運送一般物資到中東。美國人突然聲稱船上運載戰略物資，要求於公海登船檢查，若「銀河號」拒絕受檢，美國就會作出制裁。美國用甚麼方法制裁？他們刪除了「銀河號」接收的 GPS 信號，導致「銀河號」在公海漂浮，不知去向。最後，國家同意讓美方軍艦登船檢查。檢查結果顯示，沒有任何一件貨物是違反國際法的。

對中國而言，那次事件是很大的恥辱，但我們迫於無奈使用美方創造的 GPS。於是國家開始考慮，我們是不是可以不使用美國的 GPS？答案原來是可以的。當時歐盟已經開始開發有類似功能的環球定位系統，名為「伽利略」。中國看

準機會，向歐盟申請加入研發，提議入股，最後成功參與研發。但是美方則認為，如果中國得以使用歐盟的「伽利略」，美國便難保其 GPS 領導、控制的地位。於是美國秘密跟歐盟說：「中國的錢已在你手上，不過不要讓中國參加你的計劃，將來有成果，別讓他們受益。」於是，中國投資給歐盟研發「伽利略」的金錢，全都掉進大海。

中國自主研發高新科技

怎麼辦？最後，中國下定決心，自己研發。研發出來的是甚麼？就是現在我們國家的「北斗衛星系統」。「北斗」有甚麼作用？當然非常有用。除了能夠導航，它能發揮巨大的功能，現在我們國家的農產品，年年豐收，為甚麼？原來是靠「北斗」。「北斗」可以幫助我們做甚麼？非常多。「北斗」可以幫助我們探測那塊耕地裏，我們需要播種的精準位置。大家試想像，農夫播種子的時候，以往的做法是怎樣的？農夫人手在撒來撒去。現在並不是這樣的了，現在能夠利用無人機，在你指定的地方播種，每一方米播多少種子，都可以控制。

除了播種，還有施肥、滅蟲，以往這些工序都需要人手在地面工作，日出而作，日入而息。舉例，以前噴射殺蟲劑是需要人手揹上殺蟲劑，然後用手中的噴射器完成殺蟲工作。後來逐漸進步，運用第二次世界大戰被遺棄的飛機，在農田的上方噴射下來，但問題來了，飛機在飛航時不能過

無論走哪條道路，都一定會遇到不少挑戰，有危，才會有機

低，否則會撞到地面，發生空中交通意外。再者，飛機亦不能在沒有太陽陽光下飛航，因為視線會受影響。可是早上進行飛航又會遇上另一問題，農藥噴射工作完成後，因太陽升起，引致農藥蒸發，換言之本來需要使用一毫升的農藥，現在需要使用十毫升。大家思考一下，我們做了多少工夫，得到的效果是多麼的細。但是有了「北斗」後，我們配合無人機技術，可以在凌晨時分噴射農藥，而且是精準地噴，貼地來噴，節省不少時間。農藥噴射得愈少，農作物茁壯成長的機會愈大，我們的食物便更加安全。這一切是誰給予我們的？是我們自己。汶川大地震，所有通訊系統都在一刹間消失，我們怎樣通訊，怎樣得知災區哪個地方最需要緊急救援？我們就是靠「北斗」來通訊。

年青人不能妄自菲薄

一個國家要為人民謀幸福，是需要付出很多、很多代人

的代價。大家知不知道,「北斗」這個龐大的計劃,其總設計工程師是一名怎樣的人呢?我透過視頻得知,是一名未滿 40 歲的年輕女士,一位博士。所以,各位同學,不要輕視自己,你們是非常之有前途的。特別是今天,國家發展大灣區,大家考試完畢後,我建議大家到大灣區看看當地的建設,與香港的建設作比較,我們有甚麼地方需要改進的。國家今天的發展是最迅速的,去年 GDP 的增長是世界第一位。我們需要繼續努力,維持發展的勢頭,繼續改善我們每一個人的生活福祉。在不斷奮鬥的過程中,我們會遇到很多困難,亦會遇到不少失敗。但不要緊,人生的路途就是這樣的。

各位同學,你們正在踏進人生最璀璨的舞台。我深信絕大部分的同學都會繼續升學,亦會有少部分同學將投身社會。無論你們走哪條道路,你們都一定會遇到不少挑戰,有危,才會有機,只要把握每一個機遇,好好努力做事,必能夠創造美好的將來。

青年興則國家興

習近平主席說:「青年興,則國家興。青年強,則國家強。」中國人,今天站起來,我們下一個目標是甚麼?強起來,富起來,強與富的目標,為甚麼要這樣做呢?就是因為要改善大家的生活,為我們創造更美好的未來。中國人從來都是為自己的前途奮鬥,同時,我們是愛好和平的民族,我

們並沒有任何侵佔他人的想法、企圖和行動，但我們會好好的發展自己，因為整個地球村，都是同屬所有人類的，我們是「命運共同體」，而這個「命運共同體」能否持續向前大步邁進，便有賴我們年輕的一群。

各位同學，今天你們是這個畢業典禮的主人翁，讓我們大家一起，向你們祝賀，期盼你們能夠繼續大步向前，為香港的未來，為所有香港人作出進一步的貢獻！多謝大家。

過你兩棟

黎棟國——著

責任編輯	應　越	統　籌	霍詠詩
封面攝影	鐘燦光	協　力	黎沛澄　楊靖煒
裝幀設計	Sands Design Workshop		

出　版　太平書局　商務印書館（香港）有限公司
　　　　香港筲箕灣耀興道 3 號東匯廣場 8 樓
　　　　http://www.commercialpress.com.hk

發　行　香港聯合書刊物流有限公司
　　　　香港新界荃灣德士古道 220-248 號荃灣工業中心 16 樓

印　刷　美雅印刷製本有限公司
　　　　香港九龍觀塘榮業街六號四樓 A 室

版　次　2023 年 7 月第 1 版第 1 次印刷
　　　　©2023 商務印書館（香港）有限公司

I S B N　978-962-32-9370-9